焦土となった両国界隈から深川方面を見る。残骸のみを残す旧・両国国技館（丸屋根の建物）と両国小学校（左のコの字の建物）。隅田川に架かる橋は旧・新大橋。＊
（＊は近現代フォトライブラリー提供）

日比谷のお濠端で記念撮影をする女性兵士と、
暗い表情の都民たち。

帝国ホテル前。
帝国ホテルも空襲で全体の４割強が焼失した。

ＧＨＱが置かれた占領下の第一生命ビル。＊

アメリカ兵に武者人形を売る人。
後方に焼けただれたトタン板が積まれている。

ＰＸ（占領軍用の一種のデパート）として使用されはじめた
服部時計店。日本人は立ち入れなかった。

昭和22年７月４日の米国独立記念日に、
皇居前広場でパレードをする米第１騎兵師団。＊

新聞紙上に発表された、昭和天皇がマッカーサーを訪問したときの写真。３回のショットがあり、採用されたのは３回目のショットだった（アメリカ大使館にて）。

昭和20年９月２日、東京湾に浮かぶ戦艦ミズーリ号甲板上で行われた、降伏文書調印式。＊

財閥解体。巨大財閥の証券類が日本銀行の地下金庫から財閥解体委員会の手に移される（昭和21年10月８日）。＊

米軍厚木基地に立っているマッカーサー像。*

アメリカはいかに日本を占領したか

マッカーサーと日本人

半藤一利

PHP文庫

○本表紙図柄＝ロゼッタ・ストーン（大英博物館蔵）
○本表紙デザイン＋紋章＝上田晃郷

アメリカはいかに日本を占領したか

目次

前口上　神社と銅像

第一話　「青い眼の大君」の日々

第二話

昭和天皇の〝戦い〟

第三話 十一回の会談・秘話

第四話　「ヒロヒトを吊るせ」

第五話

本間は断罪されねばならぬ

前口上

神社と銅像

昭和22年7月4日の米国独立記念日に
皇居前広場でパレードをする
米第1騎兵師団を閲兵するマッカーサー元帥と
アイケルバーガー中将(第8軍司令官)。*

❖「青い眼の大君」

いまの日本人はこの名前にほとんど関心をもたなくなった。若い人のなかには、名前は聞いたことがあるが何をした人か、ぜんぜん知らないと答える者もいるかもしれない。戦後も七十年余ともなると、大日本敗亡のときの混乱と失意と空腹のことなど遠い昔のこととなって、すべてが忘却の彼方に滅し去られていくのであろう。そうなってくると、かつては憲法を「マッカーサー憲法」と呼んだりした時代もあったものであったが……と、つい老骨は説教がましくいいたくなってくる。

書くまでもなくダグラス・マッカーサー元帥は、敗戦後の〝占領下日本〟の時代の連合国軍最高司令官である。いまの日比谷の第一生命ビルにおいた連合国軍総司令部（ＧＨＱ）にあって、占領下の日本に君臨した「青い眼の大君」であった。昭和二十年（一九四五年）八月から、二十六年九月の講和条約調印をへて、翌年四月のその発効によって独立するまでのほぼ七年間、〝占領〟の名のもとに、戦後日本はあらゆる面において戦前とは様相を一変した。いや二変、三変した、といったほうがいいかもしれない。このすさまじい、驚天動地と形容していい大変革の端緒は、まさしくこの人の指揮のもとになされたのである。「民主化」による「太平洋のスイス」を建設しようというこの人の独特の理想のもとに、……である。

そしてわが友竹内修司《たけうちしゅうじ》さんの言葉を借りれば、「その大変革は、今日の日本に深く根付いている。根付いているどころか、それは日々に新たな問題を提起して止むことがない。今なお、私たちは〝占領体験〟の予後を生きている、といっていい」ということになる。

それはまったく正しい。戦後も七十年がたっているいま、憲法問題、国防問題、教育問題、沖縄の基地問題、人権問題などなどと、日本国の世論を二分して揺り動かしているさまざまな難題は、まさしくマッカーサー統治下のわずか六年足らずの間にもたらされた大変革にその根っこをもっている。歴史に「もしも」は許されないが、あのときマッカーサーが連合国軍最高司令官でなかったなら、今日の日本の様相は、よほど違ったものになっていたことであろう、とそう思う。が、そんなことをいっても、いまの日本では、だれも耳を傾けてはくれない。

❖元帥が離日の日

それにしても、戦後日本の原点をつくったともいえる自称「全知全能」のこの人を、どうして私たち日本人は忘れてしまったのであろうか。

と書いているうちに、左様、突如として思い出されてきた。あれは昭和二十六年（一九五一年）四月十一日のことであった。朝鮮戦争が熾烈に戦われている真ッ最中に、マッカーサーが米大統領トルーマンによって国連軍総司令官をはじめ連合国軍最高司令官など全職を罷免《ひめん》されたのである。要するにクビである。この報せがラジオの臨時ニュースで流されたとき、私はほんとうに仰天した。それは大仰にいえば、腰が抜けるほどの驚きであった。〝神さま〟がクビになるなんてことがあるのかいなあと。

もう一つ感じたことは、戦後やたらと聞かされてきた「シビリアン・コントロール」とはこれかということである。大統領がウムをいわさず最高司令官のクビを切れるのかと、軍人の最高の地位にいる、山ほど勲功のある者でさえそんな目にあうのかと、それは心からびっくりさせられることであった。

のちに聞けば、三十八度線を挟んで膠着《こうちゃく》状態に陥っている朝鮮戦争に我慢のできなくなったマッカーサーが、旧満洲に集結している北朝鮮軍や中国人民解放軍への補給物資（弾薬・薬品・食糧など）を徹底的にぶっ潰さなくてはだめだ、敵がまだ保有していない原爆による攻撃を敢行すればいっぺんに勝利を呼びよせることができる、などといい出していたという。しかし、旧満洲は中国領なのである。人民解放軍は支援というかたちで参戦しているが、はっきりと宣戦を布告しているわけではない。二年以上つづいている戦いをさらに拡大させ世界大戦に導くような無謀なことを主張するマッカーサーを、とんでもない奴《やつ》だと怒ってトルーマンが罷免したという事実がのちに知らされた。

しかし、当時の私たちはすぐにはそんな事情は知ることができなかった。解任理由は朝鮮戦争の戦局不好転にあると考えられてはいたが、偉大なる元帥をあっさりクビなんてことは嘘であろう、というような印象を多くの日本人はもっていた。ところが、当のマッカーサーが日本を離れるという日程が発表され、もういっぺん驚かされる。それはまことにスピーディなのである。四月十六日にはもう離日することが決まっていた。クビはデマなんかじゃないと、否応もなく思わされた。このために十二日の最初の発表から十六日早朝までの、日本政府や政官界の動きはまことに慌《あわただ》しかった。追いかけるように、吉田茂《よしだしげる》内閣はかれを「終身国賓《こくひん》」とすることを閣議で決定し、国会も感謝決議文を差し上げることを決定。国民の間からも「名誉国民」とすべし、デッカイ銅像を建てようとの全国的募金活動もさっそくはじまりだす。

そして、その四月十六日の当日が来た。この日、二十万人余りの日本人が羽田空港までの沿道を埋め、アメリカと日本の国旗を力いっぱいに振って元帥を見送った。私は隅田川でボートの猛練習をしていたから、そこには加わっていなかったが、それはもうすさまじいばかりの民衆による盛大な見送りであったという。

当時の日本人がどのくらいマッカーサーを名残り惜しんだかは、四月十二日付の朝日新聞社説を見れば一目瞭然である。その一部を引く。

「日本国民が敗戦という未《いま》だかつてない事態に直面し、虚脱状態に陥っていた時、われわれに民主主義、平和主義のよさを教え、日本国民をこの明るい道へ親切に導いてくれたのがマ元帥であった。子供の成長を喜ぶように、昨日までの敵であった日本国民が、一歩一歩民主主義への道を踏みしめていく姿を喜び、これを激励しつづけてくれたのもマ元帥であった。……」

ただただマッカーサーさまさまといった讃美であるが、なにも朝日新聞だけではなく、ほかの各紙もほぼ同じである。

羽田空港での見送りのなかには、昭和天皇の名代《みようだい》の三谷隆信《みたにたかのぶ》侍従長の姿がある。天皇はマッカーサーの「ぜひ見送ってほしい」という懇請にも応じようとしなかったといわれている。

ほかに吉田内閣の閣僚全員と、日銀総裁一万田尚登《いちまだひさと》と、東大総長南原繁《なんばらしげる》の姿もあった。そしてマッカーサーが飛行機のタラップを上っていったとき、官房長官増田甲子七《ますだかねしち》の音頭で「マッカーサー元帥、万歳！」を全員で三唱したのである。

　こうした状景をすべてＮＨＫラジオが実況放送。担当は実況の名人といわれた志村正順《しむらまさより》で、マイクも壊れんばかりの大声で伝えた。その離陸のところだけを。

「……ついに姿を消し、扉が閉ざされました。三たび万歳と拍手のどよめき、軍楽隊、一斉に『蛍の光』の演奏を開始しました。百メートルほど離れておりまして、わずかに元帥らしい人の顔が飛行機の丸窓から見えております。参列のＭＰさらに親衛隊は、いま粛然《しゆくぜん》と威儀《いぎ》を正し、スタートを開始いたしました飛行機の後を見送っております。マッカーサー元帥よ、さようなら。いよいよこの瞬間がお別れでございます。五つ星のマークも鮮やかに、コンステレーション・バターン号は、いまスタートを開始して、右へ向きを変えまして、滑走路の方へ向かっております。日本を混迷と飢餓より救ってくれた元帥。昭和二十年八月三十日、厚木飛行場到着いらい、五年七カ月余の日本、十四年ぶりに故国アメリカへ飛び立ちます。……」

　これだけでもその熱狂ぶりが十分に察せられるであろう。

そして少しのちに、功績を永遠に記念すべく、「威厳と美しさを備えた喜びと教養の殿堂」マッカーサー元帥記念館（仮称「マッカーサー神社」）建立のための団体が東京に発足する。発起人には秩父宮《ちちぶのみや》殿下、同妃殿下、最高裁判所長官田中《たなか》耕太郎《こうたろう》、朝日新聞社社長長谷部忠《はせべただす》、毎日新聞社社長本田親男《ほんだちかお》、元駐米大使の日本ビクター社長野村吉三郎《のむらきちさぶろう》ら各界名士が名を連ねる。その意向問い合わせにたいして、すでにアメリカに帰国していたマッカーサーの返事がおごそかにとどいた。

「非常に光栄に思っている」と。

◈「日本人十二歳説」

――ところで、いまの東京である。どこを探しても、神社（記念館）もなければ、銅像もない。ただ一つ厚木の米軍基地に本書巻頭写真ページ（口絵八ページ）に掲示してあるように銅像があるが、わたくし自身は確認してはいない。せっかくの「名誉国民」の名も、とうに忘れられている。なぜか？　そのわけをハッキリ記憶している。こっちが一所懸命に永遠に褒め讃えようとしているのに、実に余計なことをマッカーサーがいってのけたのである。「(日本人は) まず十二歳の少年である」と。それが日本にただちに伝えられてきたときから、日本人のかれにたいする気持が百八十度ひっくり返ってしまった。

その日、五月五日、アメリカ上院の軍事外交合同委員会で、マッカーサーは米国の対外政策、軍事戦略などについて広範な証言を行った。ここで問われるままにかれ一流の日本人観を開陳した。そのなかにこの「日本人十二歳説」が言及されていた。では、それはどんな内容であったのか、いまはまったく忘れられている。ただ、読めば、かならずしも日本人がカッカと怒るような意味の発言ではなかったのである。

ロング議員 日本人は占領軍に好意を寄せているか?

マッカーサー 日本人は敗戦の事実を、それが完全な軍事的敗北であること、外国軍隊によって占領されることを知ったばかりでなく、実にこれまでの生活の信条に不信を抱かされ、それとともに自己軽視に陥ったのである。この虚脱状態のなかにアングロサクソンの礼節とフェア・プレイと正義が演ずる役割があった。後進的、孤立的、封建的であった日本人がアメリカ的生活態度になじみ、個人の自由と尊厳を重んずるようになった。

ロング議員　ドイツと日本の違いはどうか？

マッカーサー　科学、美術、宗教、文化などの発展の上からみて、アングロサクソンは四十五歳の壮年に達しているとすれば、ドイツ人はそれとほぼ同年輩である。しかし日本人はまだ生徒の時代で、まず十二歳の少年である。ドイツ人が現代の道徳や国際道義を怠けたのは、それを意識してやったのである。国際情勢にたいする無知識の故《ゆえ》ではない。その失敗は、日本人が犯した失敗とは少しくおもむきを異にする。ドイツ人は自分がこれと信ずることに再び向かって行く。日本人はこのドイツ人と違う。

要は、戦争犯罪国としてのドイツ人と日本人との違いを問われ、マッカーサーの答えは、ドイツ人は明らかに確信犯なれども、日本人はとてもそこまではいっていない、といくらか憐れんでの言《げん》ともとれる。

ところが、その「十二歳」という言葉だけを知らされたとき、日本人はひとしくカッとなった。これは神社建設や銅像建立と、われらが満腔《まんこう》の敬意をもって寄せたかれへの信頼にたいする裏切りに非《あら》ずや。侮蔑の言そのものだ。許せぬ。かくして六月ともなると、怒りは頂点に達し、すべての計画ははかない一場《いちじょう》の夢と化していった。

熱しやすく冷めやすい、これぞ日本人。とはいうものの、よくよく考えてみると、こん畜生め、と憤ったばかりではないのではないか。戦後日本人はマッカーサーの命ずるがままに唯々《いい》諾々《だくだく》、敗戦・占領という現実にあまりにもやすやすと身を寄せた。下世話にいえば、GHQと〝寝てしまった〟ことへの恥ずかしさ、情けなさ、それをマッカーサー発言によって気づかされたゆえの怒りではなかったか、と思う。

左様、あれから日本人はとにかくマッカーサーの名を忘れることに熱心になったようである。記憶から払い落とす。とにかく過去をさっさと忘れてしまう。それは歴史としっかり向き合わないことと同じなんだがなあ、といまにして老骨は思うのであるが。

考えてみれば、長い平和と勤勉さという資質とで、ただ我武者羅《がむしやら》に働きつづけて、廃墟から再生して日本は今日の大をなしたのである。しかし、よくいわれるように平和と繁栄に慣れきって、その祈願をほぼ成就したあと、これから何に向かって進めばいいのか、いまの日本は国家目標を見失っている。そんなときであればなおのこと、その人の名とともに、敗戦直後の苦しいながらも力一杯に奮闘努力したあの日々のことを謙虚に想い起こし、もういっぺん見直すことは、決して無意味なことではないように考える。

いくらかテレビの刑事もののドラマ的ないい方になるが、わからなくなったら元の現場に戻れ、なのである。かなり牽強付会《けんきようふかい》な説ともみえて恐縮ではあるけれども、そんな意味からすれば、マッカーサーについて語った本書もいくらか役立つのではあるまいか。ま、それはもうあまりにも昔話ではあるけれども。

第一話

「青い眼の大君」の日々

昭和21年11月３日、
貴族院で新憲法の公布を行う昭和天皇。＊

1. 神に導かれて

❖「ただの軍人ではない」

その日は朝から快晴であった。信じられないほど空は青かった。昭和二十年（一九四五年）八月三十日、午後二時五分、専用機バターン号は、マッカーサー元帥とその忠誠な幕僚たちを乗せて、北から厚木飛行場の上空に入り、と思うと、そのまま機首をさげてあっさりと地上に降りてしまった。

日本政府側の出迎えはあらかじめ断られていた。ただ許された各新聞社の記者とカメラマン各一名、それにニュース映画の撮影者など十名の者たちだけが、世紀の瞬間を待ちうけていた。

C54型輸送機の胴の扉があき、やがて元帥が現れたとき、これを眼前に見た日本人記者に与えた印象は強烈なものであった。上着なしのカーキ服にサングラス、丸腰で、コーンパイプを手に、ずっとはるか日本の地平線を見渡すように右から左へ、かれは薄赤い顔をゆっくりとまわした。写真班のためのポーズ、というより花道で大見得をきって、それから静々とタラップを降りていく、つまり檜《ひのき》舞台に名優が登場してきたという風に、記者たちには思われた。事実、マッカーサーはそれを自覚していた。機内から外へ出ようとするとき、一言、「つぎは映画でいう一大クライマックスだ」といったという。

旧海軍飛行場の、ムンムンとする夏草の上に立った大男は、記者団にかこまれ、最初のステートメントを語った。

「メルボルンから東京までは長い道のりだった。長い長いそして困難な道程だった。しかしこれで万事終わったようだ。……降伏は不必要な流血の惨を見ることなく無事完了するであろうことを期待する」

かれは普通の会話のように静かな調子で話した。だが、芝居がかった行動と短い演説も、すべては十分に準備されてきたものである。四年にわたって激越な戦いを交えた敵中に入ってくる。徒手空拳《としゅくうけん》で。威丈高《いたけだか》にではなく静かに、かつきっぱりと話す。のべ十七年にわたるアジアでの勤務によって、アジア人を、そして日本人をよく知る米国随一の軍人、と自負する男が、それこそ自分でえらびとった行動であった。そして、このことにマッカーサー自身の人生観のすべてがこめられていた。

「ただの軍人ではない」

日本人記者団はいやでもそう思わせられた。

❖「富士山はやはりいいね」

たしかに、なみの軍人ではなかったのであろう。英首相ウィンストン・チャーチルがのちに、

「戦争のさいにみられる勇敢な行為には、驚嘆すべきものがある。しかし、なかでも驚くべきものは、（日本へ）ひとりで乗りこんだマッカーサーの行為である」

と書いたように、青年時代よりかれが示してきた勇気には、人なみはずれたものがある。それは決して暴虎《ぼうこ》馮河《ひょうが》の勇ではなかった。冷静このうえない計算の

上に立脚したものであった。

たとえば、この日、バターン号はマニラから厚木へ、七時間の飛行をいっきにしてきたように、これまで刊行された多くの書物には書かれている。これらはマッカーサーとその司令部の見事な情報操作にひっかかっているのである。C54型機の航続距離ではそれは不可能、途中で給油が必要である。事実、元帥とその一行は前日の二十九日にすでに沖縄の読谷《よみたん》基地に飛来している。そして沖縄で、日本本土先遣部隊の司令官アイケルバーガー中将らと、飛行計画と警戒態勢の細部にわたる検討をすませていた。いよいよ進駐する日本の動静を、間近まできてさぐっていたのである。

そしてこの日、正式に発表されていたマニラ—沖縄—厚木という全コースの半分だけを、さきに進駐したアイケルバーガーの〝万事異状なし〟との信号を待って、一直線にとびぬけてきた。

また、バターン号機上でのマッカーサーについても、二つの見方がされている。最大の腹心ホイットニー准将に、対日占領政策を口述していた、とするのがその一つ。コーンパイプの煙と交互に、かれの口から吐きだされる政策は、つぎのようなものであったと、ホイットニーは記録する。

「まず軍事力を粉砕する。戦争犯罪人を処罰し、代議制にもとづく政府の制度をつくる。女性に参政権を与える。政治犯を釈放し、農民を解放する。自由な労働運動を育てあげ、自由経済を促進し、警察による弾圧を廃止する。自由で責任ある新聞を発展させる」

そしてホイットニーは書きくわえる。

「元帥ははたしてこの奇蹟的現象を達成できるだろうか。敗戦国の占領に成功するだろうか」と。

伝えられるもう一つの姿は、飛行中マッカーサーは静かに瞑想にふけっていた、いや、ひたすら居眠りをしていたという豪胆なもの。日本上空に入ったときホイットニーが元帥の腕を軽く叩いて、窓から見える富士山をさし示した。眼をさましたマッカーサーは、

「富士山はやはりいいね」

と一言つぶやいただけで、眺めようともせずまた眠りに落ちた、というものである。

❖まず食糧の放出を

どちらの話も、マッカーサーその人らしさを語っている。いずれも真《まこと》なのであろう。マニラから沖縄までが喋々《ちょうちょう》としゃべりまくる前者、そして沖縄から厚木までの道では黙りこくっている将軍、とみるほうが、より楽しい想像となるのではあるまいか。史上最大の自信家であり自負の人も、さすがに日本に近づくにつれ、その任の重さをずっしりと痛感せざるを得なくなった。ホイットニーの書くように「占領に成功するだろうか」との想いにしめつけられていた、と。

同じ意味のことを、証言する人もいる。高級副官フェラーズ准将である。かれのボスは、自分の仕事に大きな間違いを犯すことを極度に恐れる性質の人であった。そのためにマニラをとび立つと、自分にいいきかせるかのように側近にしきりに話をした、と。「婦人に参政権を与えたほうがいい。そうだ、女性はいつでも、自分の子供が戦場で死ぬことを好まないものだ。女性の参政権が、日本の軍国主義を粉砕するのに有力な助けになるだろう。これは是非にも、しなければならないことではないか」などなど。

こうしてしゃべりまくって構想を固めると、ボスはそれが確乎たる信念に熟成するのを、無言のうちに待った、と。

たしかに、マッカーサーが全責任を負って、軍事的占領を成功させるべく降り立った敗戦国日本の現状は、〝惨憺《さんたん》〟そのものであった。厚木から二時間もかかって、目的地の横浜のホテル・ニューグランドに、汗とほこりまみれで着いた一行を迎えたのは、まず遅い昼食がわりとして、スケソウダラにサバ、それにたっぷり酢をかけた生キュウリのお菜。これがその時点でホテルのできる精一杯の料理であったのである。

戦塵の将マッカーサーもさすがに辟易《へきえき》し、無言で見つめただけで手をつけようともしなかった。と、ホテルの会長野村洋三《のむらようぞう》が進みでていった。

「日本人はいまあなた方が食べようともしなかったものより、もっとひどいものを食べているのです。たとえばカボチャを主食にしている、といったら驚かれるだろうが、それでもあればまだよいほうです。これがいまのわが国の現実の姿なのであります。だから、あなた方が、日本人の心を真剣につかもうと思っておられるのなら、まずこの深刻な食糧難の現状を打開するため、食糧の放出を是非おすすめする」

　この直言はマッカーサーの胸に響いた。どんなに理想に燃えていようと、占領政策は初めから日本国民にとって苛烈なものであってはならない、優しいものでなければならない、との決心を固めさせた。しかも翌朝の第11空挺師団長の報告が、かれをいっそう驚かせた。師団の兵全員で一晩じゅう探したにもかかわらず、最高司令官用にたった一個の卵しか手に入らなかった、というのである。

　かれはただちに横浜に布《し》かれていた戒厳令と夜間禁止令を解いている。占領軍は日本人の食糧を調達してはならぬ、占領軍は自分たちの軍用食のみをとるべし。およそ過去の征服軍の歴史のなかに例のない命令を、マッカーサーは発した。

日本改革の第一歩は占領軍がまず寛大であり、同情的であることからはじめねばならぬ、それがかれの信念となった。

❖自由と寛容と公正

三日後の九月二日午前九時、東京湾上の戦艦ミズーリ号で行われた降伏調印式でも、マッカーサーは「自由と寛容と公正」を訴える演説を行っている。わずか三分間の演説だったが、抑えた張りのある一語一語は、居ならぶかつての敵味方の将兵の心をうった。その格調の高さと流麗さとで、とくに日本全権一行に消え難い印象を残した。

「……私たちは、地球の大多数の人々の代表として、不信や悪意や憎悪をぶつけあうためにここに来たわけではありません。……私は、いや全人類は、心から祈念します。今日この場で行なわれる荘重な儀式よりのち、過去の流血と虐殺の惨事から得た教訓をもとに、より良い世界がはじまりますように。すなわち、信仰と相互理解を基礎とし、人類の尊厳、そして人類が最も強く希求する自由と寛容

と公正さへの願いがかなえられる世界となりますように」(黒田敏彦訳)

世界史上でも類のないこの完全勝利の瞬間を、連合国軍最高司令官は大いに満喫するであろうと、ミズーリ艦上にある者はだれもが思った。最前列にならんだ各国代表は、だから、華美な勲章で身を飾っていた。だがマッカーサーは例の色あせたカーキ服に、ネクタイもせず、勲章もつけていなかった。なんの儀式ばったこともなく、出てくるなりつかつかとマイクロホンの前に進みでただけなのである。そしてしゃべりだした。それもまたかれの演出であったかもしれない。

が、日本全権には、自分たちのもったいぶった帝国のなかへ、丸腰の開襟服姿でのりこんできた征服者、それだけでも驚きであるのに、その人が「正義と寛容と公正」を説くとは……。隠しきれぬ讃嘆の眼をもって、まじまじと眺めつづけるほかはなかったのである。

たしかに、かれのいつものスタイルは、かえってかれを際立《きわだ》たせることになった。キザでないところがキザであった。飾りはいらないのである。その存在そのもので、偉大な人物であることを示す稀有《けう》な将軍、精神的に尊大な大貴族であろうとしたのである。

かれは『回想記』のなかに、このときの心境を書いている。

「この運命的な日の朝、極東は息をのんで私の言葉を待ち受けていた。日本はむち打たれるため裸にされた状態で、世界は緊張のうちに、激しい処罰がはじまることを待望していた。私は何をいい、何をすべきかについて何の指令も受けていなかった。その朝の私は、ひとりぼっちで、神と私の良心以外に、私を導くなんのしるべもなく『ミズーリ号』の後甲板に立っていた」

しかし、もうこの瞬間から、「神と私の良心」だけに導かれたかれの占領政策を、かならずしも歓迎しない者たちが多く存在しはじめるのである。その代表が大統領ハリー・トルーマンである。もちろん、この時点で二人の確執はあからさまになってはいないが。

マッカーサーは厳格一点ばりではあるが、如才のないところもある。ミズーリ号を調印式場の記念艦にえらんだのも、海軍へのサービスもあったが、なによりミズーリ州出身の大統領のことを念頭においていたからである。さらに降伏文書帳にかれは五本のペンを使って署名した。そのうちの、一本はのちに大統領に贈られている。

にもかかわらず、大統領との間にぎくしゃくしたものが、早くも顔をのぞかせたのは事実である。調印式が終了、日本全権が退艦し帰途についたのち、占領軍最高司令官としてマッカーサーは、全世界へメッセージを放送した。それは「今日、大砲は沈黙している。一大悲劇は終わった。偉大な勝利はかちとられた」にはじまる華麗にして、感動的な演説であった。

真剣かつ情熱的に、軍人として戦争を非難すると述べ、将来また世界大戦が起きれば人類そのものの生存が脅《おびや》かされるであろう、と強く警告する。「われわれは、肉体を救おうと思うなら、まず精神を救うことからはじめなければならない」と。

だが、遠いアメリカ本土の人々は、この歴史的な演説に耳を傾けるわけにはいかなかった。十分に聞ける夜の時間帯にありながら、ホワイトハウスが、元帥が話しはじめるのにぴたりとあわせて、大統領が全国向け演説を行うようとりはからっていたからである。

その腹癒《はらい》せではなかろうが、少しのちに、トルーマンには許しがたい応援が、二人の間で起こるのである。調印式の終了をまって、トルーマンはマーシャル統合参謀本部議長に、マッカーサーを本国に招待し、国民がパレードなどでかれに感謝の意を表わすようにしてやりたい、といった。そのことが東京に伝えられたのが九月十七日。しかし、マッカーサーは「行かない」とすげなく断った。

さらに十月十九日、二回目の招待というより、「大統領の要求によって……」という命令に近い招請電を受けとったが、マッカーサーはこれも厳として断った。日本国内の「危険で、燃えやすい情勢のため」という理由は妥当なものであったろうが、大統領には大そう侮辱的なものに感じられたのである。こうして和気藹藹《あいあい》な空気からはじまった二人の関係は、早くもトゲトゲしいものに変わっていった。

❖大統領との相互不信

少し過去にさかのぼる——日本の降伏がもう目にみえるようになった昭和二十年三月ごろから、アメリカ政府首脳は、勝利後の日本占領軍最高司令官の人選に悩みはじめた。このときルーズベルト大統領は、マッカーサー元帥を推せんする声にただうなずくだけであったという。もともとかれの眼には、マッカーサーが「米国でもっとも危険な二人の男のうちの一人」としか映っていなかったからである。

そのルーズベルトが四月に病死し、トルーマンが大統領になり、いよいよ日本降伏が明確となった八月上旬になっても、最高司令官の任命はいぜん宙に浮いたままであった。そればかりではなく、九日に対日参戦したソ連が何かと蠢動《しゅんどう》しはじめた。追いつめられたトルーマンは八月十一日、最高司令官はアメリカ人でなければならない、そしてキラ星の如くならぶ候補者のなかで、一人ぬきん出ているもの、それはマッカーサー元帥である、とやむなく決断した。

この任命を大統領はごく側近者をのぞいて、まったくだれとも相談していない。海軍が推すニミッツ元帥よりも、だれがみてもまあ納得できる線として、熟考したり深い分析を加えることなく、とりあえずマッカーサー元帥を選んだままでのこと。いわば時の勢いに押されての間に合わせであった。偶然であった。

そしてソ連を含め関係諸国に、単にその事実だけを通告した。電光石火の任命だったが、さしたる不満の意はどこからもこなかった。わずかにソ連政府が「二人の最高司令官をおくこと。つまりもう一人はソ連極東軍の最高司令官ワシレフスキー元帥を任命すべきだと考える」と、横車を押してきたが、

「合衆国は、四年もの間、日本と激烈に戦ってきたのである。それに対してソ連はたった二日しか戦っていないではないか」

と、アメリカ政府はきびしく拒否している。それはクレムリンの力の限界を見越しての決意の表明であり、マッカーサー擁護だったのである。

しかし、トルーマンはその実、マッカーサーを嫌っていたのである。ルーズベルトの突然の死で、大統領になって間もない一九四五年（昭和二十年）六月、早くも私的メモにこう書いている。

「戦後の最大の難問は、かのプリマ・ドンナ、金ピカ帽のマッカーサー元帥閣下

を、さてどう扱えばいいかであろう。あんな自惚《うぬぼ》れ屋を、ああいう地位につけたのが、そもそもの悲劇だ。いったいルーズベルトは、なぜマッカーサーをコレヒドールで戦死させ、かわりにバターン方面司令官ウェインライトを救い出さなかったのか」

対する、マッカーサーのトルーマン論はどうか。ずいぶんのちのことになるが、娘の歌を下手だと書いた批評家を殴ったトルーマンを、無知な男のうえに「発作的に激怒する信用ならない奴《やつ》」と、マッカーサーはくそみそに吐き棄てた。

そんな相互不信にありながら、八月十四日午後七時、ホワイトハウスで、大統領は正式に占領軍最高司令官として、「金ピカ帽で自惚れ屋」のマッカーサーを任命したことを発表。マニラにいた「自惚れ屋」はただちにトルーマンに返電する。

「私はあなたがこのように寛大に私に与えられた信任に深く感謝します……私はあなたが世界平和のために構想された壮大な建設路線のなかで、全力をあげることとでしょう」

それは歴史の偶然としかいいようがない。が、敗戦国日本にとって、結果論になるが、幸運な決定となった。四カ国（英米仏ソ）の連合国軍司令官がいたため、いくつかの地区に不可避に分割されたドイツと、日本占領は、根本的に異なった。日本はただ一人の最高司令官をいただき、分割されることもなかった。しかもその最高司令官は、懲罰や圧制を企図する征服者ではなく、「寛容と正義と公正」によって、日本を「最高の文明国に導こう」という十字軍的使命をみずからに課す男であった。

そして、それは裏を返せば、マッカーサーにとっても思いもかけぬ幸運であったのである。六十五歳にまで達した最長老の軍人であるかれにとって、戦争終結は軍歴を閉じねばならぬとき。日本が頑張れば頑張るほど、そのときは決定的となる。内心で覚悟を固めだしたとき、突然のあっけない日本の降伏が訪れた。それが結果的にはかれに幸運をもたらしたのである。引退ではなく、舞い込んだのは、占領軍最高司令官という華やかな椅子。だから、その任命をうけたとき、これは偶然なんかではなく、

「軍神《マルス》から老兵に贈られた最後の贈物である」

と、この誇り高き男が相好《そうごう》をくずして喜んだのである。まさにむべなるかな、というほかはないことであった。

❖非軍事化と民主化

それゆえに戦艦ミズーリ号での二つのスピーチは、「神の摂理」によって最高司令官となった男が、「正義と寛容と公正」というおのれの信念にもとづいて、怱忙《そうぼう》の間に、沈思に黙考を重ねて書きあげた宣言にひとしかった。

八月十五日までかれは、アメリカ陸軍の総司令官として、日本本土上陸作戦のための戦略戦術を練るのに没頭していた。そこへ青天の霹靂《へきれき》のように、日本占領のための連合国軍最高司令官の重任が、その両肩にのしかかってきた。

その後の二週間、マッカーサーとその幕僚は、マニラでこの任務の基礎作業を固めるのに、狂気にとりつかれたかのように働いた。おのれの長い人生経験と軍歴のなかから、マッカーサーは第一次世界大戦後、ライン地区で得た占領行政の実地体験と、フィリピンの軍事総督だった亡父の経験から、全体の基調を決めた。さらに若いころに深い感銘を与えられた共和党選出の大統領マッキンレーの言葉を、しっかりと肝に銘じた。

マッキンレーは、米西戦争勝利のあとフィリピンの領有を主張し、「自由なるものによる征服は救いなり」という古言を引用し、「フィリピン人を最高の文明に導く」ことがアメリカの任務だと説いたのである。マッカーサーは、これを日本占領のさいの最高の指針にしようと心に決した。

しかし、いうまでもなく、マッカーサーは大統領の指揮下にある。当然のことながら、ワシントンからは「降伏後における米国の初期の対日方針」という根本政策が最高司令部に通達指示されている。八月二十九日、この文書をマッカーサーは無電で受けとった。それは日本の「非軍事化」と「民主化」という占領の二大目的をうたいあげていた。

「武装解除ならびに軍国主義の抹殺は米国占領の主要任務であって、即時、断固として遂行されねばならない」のであり、ワシントンの企図する「民主化」とは、帝国主義の復活を防止するための手段にほかならなかった。要は、ワシントンや連合国が、第一次的に考えたのは、日本へのきつい懲罰と無力化にほかならなかった。

しかし、マッカーサーの心のうちには、ワシントンの指示に添うようにしながら、おのれの〝野望〟ともいえる大方針を貫こう、という頑固なまでの決意が固められていた。それこそが「神とおのれの良心」の命ずる道なのである。かれは占領目的の第一義を「民主化」においた。占領を日本の民主改革の大いなる実験とみなし、われはその慈父のごとき指導者たらん、と。

だからマッカーサーにとって、戦艦ミズーリ上での式典は、〝終わり〟ではなく〝始まり〟であった。わずか二十万の占領軍を指揮して七千万の日本国民を生まれ変わらせる。連綿とつづいてきた日本の制度、倫理観と生活様式を、日本人のために根本的に変革する。それが与えられたおのれの使命なのである。かれは世界史にかつて例をみないような〝いい占領〟を本気でやろうと考えたのである。しかも、おのれの流儀を押し通すことによって。

なぜなら、ワシントンが自分を最後まで公的に支持してくれるとは、マッカーサーにはとうてい期待できないことであったからである。トルーマンはげんに、ミズーリ艦上でのかれの演説を、米国内で放送することを邪魔したではないか。将来の地位を保証し、より上を切り拓くためには、米国および全世界に、とくに大統領に、〝いい占領〟の成功を面と向かって見せつけねばならないのである。

❖「占領は短いほうがいい」

九月三日朝、横浜のホテル・ニューグランドの野村会長は、その屋上で、ひとりたたずんで何事かをじっと考えこんでいるマッカーサーの姿をみとめている。前の晩の、夜更けまでつづいた戦勝祝賀の大宴会の興奮と喜びの疲れのため、将官のほとんどが目覚めぬときに、かれは規則正しく定刻に起きた。そして、ここからの風景はマニラ湾に似ていると好んだ屋上へ、まっすぐに上っていった。

野村は、「考える男」マッカーサーの横顔を眺めながら、その胸中を推しはかった。混迷と崩壊と飢餓だけが残されたアジアの孤児を、どう育てていくべきかを。あるいは六十五年の生涯をか。あるいは敗北から戦勝と変わったこの四年間の戦いをか。勝利の王者の胸中にはさまざまな感慨があることであろう、と。

この朝、この誇り高き軍人が何を考えたのか、推測することはむずかしい。たしかにだれよりも自己陶酔にひたる傾きがこの軍人にある。だが、それよりも〝終わり〟の〝始まり〟にさいしてかれの胸中にあったのは、燃えさかる闘志ではなかったろうか。かれは、世界的人物としての、自分の運命に深い信念をもっていた。この占領を歴史に残るような成功をもって終わらせてみせる。アジアとアジア人を知ることでは右にでるもののない私こそ、それに最高にふさわしい人物だ。そのためには単なる軍人であることを越えなければならない。

「私は経済学者であり、政治学者であり、技師であり、産業経営者であり、教師であり、一種の神学者であることが要求されたのである」（『回想記』）

こうして自分に課した〝神〟にひとしい役割を自覚し、胸中を躍動させていたにちがいない。

そしてその成功のためには、支配者のイメージを、まず何をおいても日本の指導層と国民の眼に強力に焼きつけねばならない、と自覚する。そのための最高のキャストは、大内山《おおうちやま》の松の緑の奥深くに存在する天皇である。ワシントンの指令も、政策遂行のための〝天皇の利用〟を指示してきている。マッカーサーも「天皇はアメリカ軍百万人に匹敵する」の判断をもっていた。では、その天皇をいかに劇的に利用できるだろうか……。マッカーサーはそのことも考えていたことであろう。

そしてさらに想像をたくましくすれば、マッカーサーはしかもこの占領の成果を短期間であげることを決意していたことであろう。副官のフェラーズにもバターン号の機上で、独白的にこういっている。

「占領というのは、なるべく短いほうがいいのだ。できれば二年ぐらいで終わりたい。なるべく、日本人をイライラさせないことが成功のカギだと思う……」

公的にも元帥はこう発言した。

「歴史は間違いようのない教訓を示してくれている。すなわち、軍事占領は、限られた期間においてのみ、その目的を効果的に遂行することができるが、その期間が過ぎてしまえば、急速に事態は悪化していく、ということをである」

白い裳裾《もすそ》をひるがえす横浜港の波を眺めながら、マッカーサーの考えていたのは、このことではなかったか。

三年後の一九四八年（昭和二十三年）にはつぎの大統領選挙があるのである。副大統領から自動的に昇格した民主党のトルーマンにとって、初の大統領選となる。野党の共和党が政権を奪回するチャンスがある。そして共和党候補のダークホースとして、英雄マッカーサーの名はすでに一九四四年の前の選挙のときからあげられてきている。

日本占領にさいし、かれが実行しようという軍人を越えた役割とは、もし成功すれば、まさに大統領の役割にふさわしいものであろう。戦争の終了とともに人生の黄昏《たそがれ》を迎えるはずだったかれにとって、占領軍最高司令官は天与の贈物であるばかりではなく、利用すべき絶好の機会を与えられたことでもあった。七千万の日本国民の再生を指導し、日本をアメリカの世界政略に役立つ民主国家として蘇生させ得れば、その輝かしい政治的成果を旗印に、〝大統領への道〟を切り拓くことは可能なのである。

〝神が私を導いてくれている〟という確信が、かれのうちにはある。これまでの生涯において天与の贈物が絶好の機会となり、なんと多くの〝終わり〟が、新たな〝始まり〟となったことか。マッカーサーは自分の運命が底をつくたびに、ゆるぎない自信をもって突破してきた。神と自分のほかに信頼できるものは何もなかった。今度もそうだ。それには急がねばならないのである。一九四八年まではあまりに短く、その間に何が起こるか、だれにも保証はない。

強烈なエゴイストであるマッカーサーは、おのれに課した〝神〟のごとき役割が、もっともおのれにふさわしいもの、との強い自覚を抱いた。そしてかれのこれまでの日本やアジアでの体験、および知識から、強力な指導者をふり仰ぐことに、日本人という民族は慣れきっていることをとくと承知していた。つまりは、日本人を一つに結び合わせているのは天皇への崇敬であると、かれは見抜いていた。

マッカーサーはその理想とする〝いい占領〟の成功を毫《ごう》も疑わなかった。しかも短期間において実現させてみせる。それはかれの六十五年の生涯につちかった強固な信念にもとづいている。

その朝、かれがホテルの屋上から見ていたものは、眼下の横浜港の波ではなく、遠く太平洋を越えてさきのほうにある、おのれの華々しい未来であったかもしれない。

2. 太平洋の「スイス」に

❖士官学校空前の優等生

元帥ダグラス・マッカーサーは一八八〇年（明治十三年）一月、アーカンソー州のリトルロックの陸軍兵舎で生まれた（太平洋戦争に関係した日本の杉山元《すぎやまはじめ》、永《なが》野《の》修身《おさみ》、松岡洋右《まつおかようすけ》と同年。東条英機《とうじょうひでき》、山本五十六《やまもといそろく》は四歳、山下奉文《やましたともゆき》は五歳、本間雅晴《ほんままさはる》は七歳下になる）。

父アーサーは陸軍軍人で、米西戦争においてフィリピンで戦い、勝利ののちフィリピン派遣軍司令官兼フィリピン軍事総督となった。武断派の性格で、ゲリラにはきびしく弾圧を加えたが、その反面で寛容をもって住民を信服させ〝偉い総督〟たらんとしたところもあったという。マッカーサーがフィリピンを「運命的な地」と感じるのは、父子二代にかかわるからである。

若きマッカーサーに大きな影響を与えたのは、むしろヴァージニア州の上流階級出身の母のほうで、かれを「偉人になる運命を背負っている男」になるよう教育した。兄が一人いたが病弱で、母は期待をかれにそそぎこみ、かれに強いマザー・コンプレックスと、南部の白人の優越感と貴族主義を浸透させた。マッカーサーの大きな野心、自負、偉くみせようとするポーズ、尊大さは、すべて母の教育によるものであったろう。

軍人になってから失意の危機に何度か襲われたが、母は常に息子のそばにあって励まし、ときには上級者に直接手紙を送り猟官運動に懸命になった。お蔭で救われることもしばしばであった。マッカーサーがおのれの軍歴に「神の導き」をみるのは、そのためもあった。

しかし、それより何より若き日からマッカーサーは、人一倍秀れた頭脳をもっていた。一九〇三年（明治三十六年）陸軍士官学校を一番で卒業。四年間の平均が98・14点、士官学校空前ともいえる成績だった。しかも点取り虫ではなく、サッカーもやり、クラブの長もつとめた、というから、この文武両道の優秀さが輪をかけた強い自信と自尊の念をマッカーサーに植えつけたであろうことは、想像にあまりある。

それだけにまた、昇進は早かった。陸軍史上最年少の少将、最年少の士官学校校長、最年少の参謀総長の記録をつくる。陸士校長時代（准将）には、のちに解任されたかれの後任者として連合国軍最高司令官となったリッジウェイがまだ大尉で、体育教官をつとめていたし、参謀総長時代（大将）には、副官にアイゼンハワー少佐、パットン少佐らがいた。

かれの名がひろく世に知られるようになったのは、第一次世界大戦からで、通称「レインボー師団」の参謀長（大佐）として勇名を全米にはせた。明るい色のタートルネックのセーターにマフラーをなびかせ、コーンパイプに、乗馬用のムチをもつ、という例によってダンディなスタイルで弾丸雨飛《だんがんうひ》のなかを先頭に立つ。新聞は大喜びで「連合軍のダルタニヤン」とほめたたえた。

二回も負傷したが「神の導き」で無事、特別功労十字章二個、議会勲功章一個、銀星章七個という叙勲は、これも陸軍史上空前の記録であった。そして、かれは豪語した。「自分は神の召命《しょうめい》をうけているのであり、決して死ぬことはない」と。

かれの師団にトルーマンという中尉がいた。のちの大統領である。マッカーサーは知らなかったが、トルーマンはよく〝派手な参謀長〟のことをおぼえていた。そしてマッカーサーが信条とする「部下が仰ぎみる存在とは、よく目立つこと」を、ミズーリの農家出身のトルーマンはかならずしも快く思わなかった。

❖〝シーザー〟の如き指導者

このようにマッカーサーがアメリカ陸軍史上もっとも偉大な将軍の一人であっ

たことは確かな事実である。そしてもっとも絢爛《けんらん》な軍歴をもつ華麗な人物——その結果、業績より、「目立ちたがる」身の持《じ》しかたによって、崇敬もされ嫌忌《けんき》もされた。

ジョン・ガンサーによれば、マッカーサーはしばしばシーザーに擬《ぎ》せられた、という。ストイックな生活態度、神秘性、強い意思、傲然《ごうぜん》たる態度、派手な振舞い、自己陶酔症、軍事的才能そして勇気、仮借なき野心をまじえた愛国心、義務感、歴史を意識した行動、さらに慈悲ぶかい専制政治、おのれの理想にたいする献身……。

それをルーズベルト大統領は危険視したのである。参謀総長の時代には、軍縮が世界の風潮となっているときに、マッカーサーは平和主義者への敵意をあらわにし、戦闘的拡大主義を旗印に、信念にもとづいて果敢な行動をとりつづけた。その姿に眉をひそめながら大統領はいったという。

「この一九三〇年代の経済的危機のなかで、民衆は民主主義を軽蔑し強力な指導者を求めている。そのときマッカーサーほど、魅力と経歴と威厳に満ちた風貌を、見事にそなえている人物はいない。しかしこれほど危険な人物もいない」

また、ルーズベルトの側近だったイッキーズ内務長官は、こう評したという。

「マッカーサーという男は、死んで天国に昇ったときに、神がその大いなる白い玉座から降りて挨拶し、その席をかれに譲るものだと思いこんでいるような人間だ」

ところが、アメリカという国は、またごく一部をのぞいてアメリカの庶民階級というものは、このように、おのれの信念にのみ生きる男を、指導者とみなすわけにはいかない傾きをもつようなのである。アメリカ民衆にとって、マッカーサーは専制的な〝シーザー〟であった。たとえば、ガンジーのようにあらゆる人に愛される人物ではなかった。そのことを、のちにマッカーサーは思い知らされる。

にもかかわらず、やがては大統領たらんと、おのれの軍事的成功を政治的野望に結びつけたところに、マッカーサーという偉大な軍人の悲劇があったといえる。

しかし、アジアでは違っていた。絶対的な神といえるほどの神秘性、権勢の圧倒的な誇示、一途《いちず》な使命感、それらが奇妙なほど崇敬を一身に集めるのである。フィリピンで、そしてとくに敗戦で打ちひしがれた日本で。かれはそのことを見抜いていた。マッカーサーの言い草ではないが、「宿命的に」かれとアジアは結びついていた。

そう考えてくると、軍人としてのマッカーサーの半生は、極論すれば、ワシントンのヨーロッパ一辺倒、アジア無視の政戦略にたいする抵抗と衝突に終始した、といってもいいことに思い至る。ルーズベルトからトルーマンとつづいた政権政策は、マッカーサーにいわせれば「北大西洋孤立主義」、つまりは西欧のみを重視してアジアを切り捨てるという愚劣きわまるものでしかなかった。

それは戦前、戦中、そして戦後にわたってつづいたワシントン対マッカーサーの、激越な反目という形になってあらわれた。たとえば太平洋戦争の直前、フィリピンを太平洋でのアメリカ防衛の最大拠点にせよ、と主張するかれは、フィリピンにあってさかんに軍備増強の要求を送りつけたが、ワシントンはその大方を無視した。

開戦後、日本軍の猛攻撃にコレヒドール島に籠城《ろうじょう》せざるを得なくなったとき、「大統領が増援を送ってくれるから」とかれは懸命に部下を鼓舞、またおのれにもそうと信じこませ、徹底抗戦を期した。そして一方、大統領と参謀総長のほうも、援軍も糧食も送りつつある、とくり返しマッカーサーに断言した。しかし、そんな計画はまったくなく、増援はすべてヨーロッパに運ばれていた。マッカーサーが完全に政府と〝国防総省《ペンタゴン》一味〟を信じなくなったのは、そのときであった。

同じことは朝鮮戦争が勃発したときにも起こっている。北朝鮮軍の電撃作戦に韓国軍はいたるところで敗北した。このとき、元帥はただちに増援を要請したが、政府の返事は「ドイツ防備に兵力を必要とするので、すぐには応じられない」というものであった。マッカーサーは激怒した。

「共産主義共同謀議者たちは、世界征服の場所として、アジアをえらんだのだ。アジアで共産主義にわれわれが敗れれば、ヨーロッパの運命もまた危険となる。

そのときの訪れは迫っている。私の耳には、運命の時計の音が聞こえてくる」

しかしワシントンは、このときもフィリピンのときと同様に、こちこちの反共主義者、アジアかぶれの自惚れ屋の遠吠え、としかみなさなかったのである。

ずっとのちの話になるが、マッカーサーがトルーマンと完全に衝突し、クビを覚悟で大統領の戦略に反対したのは、ワシントンの連中がアジアとアジアにおける共産主義拡大の脅威をまったく理解しないことに、心底から憤激したからである。解任を覚悟で大統領に真っ向から楯ついたのである。

❖鉄のように強靭な性格

それほどまでにマッカーサーは、米国において自分ほどアジアを知り、アジア人の心を知る者はない、という自信と自負を抱いていた。その軍歴をもう一度見直すと、たしかに若いころからかれとアジアとは深く結びついている。その自信の根柢《こんてい》がより明らかになってくる。

最初のアジアとのかかわりは、一九〇三年（明治三十六年）、陸軍士官学校をトップで卒業、少尉に任官した年の秋、二十三歳のときである。太平洋軍管区司令官として勤務する父に従って、技術部隊に組入れられてフィリピンにやってきている。

それから二年後の一九〇五年、折からロシアと存亡を賭けて戦っている日本へ、観戦武官として渡っていた父が、これもいい経験と、かれを副官として呼びよせている。急いでかけつけてきたものの、残念なことに日露戦争は終わっていた。

戦勝の喜びに沸き、興奮する日本にどんな印象を得たか。いまや狭い島国からあふれ出ようとする日本の勢いが、野心に渇《かっ》える青年の心をとらえたことは間違いない。

とりあえず日本で用のなくなった父と子は、情報収集のためアジア全域にその活動をひろげるよう指令をうける。それから九カ月間、京都、神戸、長崎へと旅してから日本を離れ、父子は上海、香港、タイ、シンガポールからビルマ、インド、さらに帰途には天津、北京、武漢にまで足跡をのばし、一九〇六年六月に東京へ戻っている。

これは青年士官にとってはまたとない現地学習の機会だったろう。かれはたちまちアジアに惚れこんだ。アジアは「神秘的に私をつかんで離さなかった」と書き、自分が足を踏み入れたアジアの土地は「自分の一部」ともなった、と大きな収穫として記している。

とくに日本がもっとも強い国との印象を受けた。「日本はやがて大きな軍事国家に成長し、フィリピンを脅かす存在になるだろう」と予言している。そして、「アジアには、世界の人口の半数が住み、将来の世界を支える天然資源のおよそ半分以上がある。アメリカの将来、いやアメリカの存立そのものが、アジアとその前哨線の島々と、分かちがたく結びついているのが、はっきりとわかった」と、アジアとの遭遇をまさに運命的であるかのように、マッカーサーは書くのである。

この帰途の来日のときにかれは、大山巌《おおやまいわお》、黒木《くろき》為楨《ためもと》、乃木《のぎ》希典《まれすけ》、東郷《とうごう》平八郎《へいはちろう》ら、日露戦争を戦ったトップクラスの軍人に会う機会をもち、深い感銘をうけて

いる。その印象を、

「あの鉄のように強靭な性格と不動の信念をもった、表情のきびしい、無口な、近づき難い男たちに、ぜんぶ会った」

と、それを将来のおのが手本にするつもりかのように書いている。いや、軍人らしい軍人の理想像にかこつけて、おのれを語っているのかもしれない。

これを戦後の、日本占領時代に話をさらに飛ばすと、そのときの想い出を首相吉田茂に、かれはこんなふうに楽しそうに語っている。

「自分は日露戦争のころにも日本に来て多くの将軍たちに会った。彼らはそれぞれに風格があって非常に感じがよかった。ところが今度、四十年ぶりに日本に来て、また大勢の元軍人たちに会ってみると、まったく違った印象をうける。同じ人種、同じ民族だとは思えないくらい違っている。これはいったいどういうわけなのか」

戦後の教育改革にさいして、マッカーサーと吉田が真剣に話し合い意図したことは、この問題を解くことであったという。笑うに笑えぬ後日談を残した日本との、これがかれとの初の出会いであったのである。

もう一つ、初の出会いのときの大事な感想を付記しておこう。

「日本兵の大胆さと勇気、天皇へのほとんど狂信的な信頼と尊敬の態度から、永久に消えることのない感銘をうけた」と。

日本民衆の抱く天皇への気持ちを、早くもそう観察していたのである。

❖アジアとの運命的な結びつき

かれとアジアの運命的な結びつきは、決してこれ一回で終わったわけではない。一九二二年（大正十一年）十一月、マニラ軍管区司令官として、フィリピンとの本格的なつき合いがはじまるのである。さらに方面軍第23旅団長に転じ、フィリピン現地軍の育成と強化につとめる。バターン半島やコレヒドール島の要塞化は、このころに手がけたもので、マッカーサーの軍事的視線はたえず日本に向けられていた（もっとも、翌大正十二年の関東大震災が起こったとき、一万六千トンの救援物資を日本に急送する指揮を、かれ自身がとっている）。

さらに一九二八年（昭和三年）、マッカーサーはフィリピン軍司令官として、再びマニラに着任する。「これほどうれしい任務はなかった」と回想するが、すでに中国に向けて膨脹しはじめた日本が、いつ南進政策に転じるか、それに対応するため防衛態勢づくりを急がねばならなかった。

マッカーサーの最後の、というより後半生のすべてをそこにおいたアジアへの帰還は、一九三五年（昭和十年）。このとき軍歴の最高位の参謀総長であったかれは、任期満了を間近にひかえて、ルーズベルトよりフィリピン準政府の軍事顧問に任命された。と同時に、旧友ケソン大統領からも、フィリピン軍編成とその総司令官を依頼された。

昇進の早かったマッカーサーはまだ五十五歳。陸軍の定年の六十四歳にはまだ九年も残っていたが、最高ポストにまでついた誇り高いかれには、いまさら下の職につくのは屈辱である。常に栄光を求める性向から、つぎの椅子は重味と意義のあるものでなければならなかった。だから、渡りに舟である。しかも、有能な軍人は有能な政治家でなければならない、というかねてからの持論を、みずから証明する機会ではないか。かれは欣然《きんぜん》とこれをうけ、陸軍大将・参謀総長という輝かしい四つ星の肩章で、フィリピンに乗りこむべく、船中の客となった。

ところが、大統領のニューディール政策に、ことごとに異をとなえてきた〝危険な男〟を煩《わずら》わしく思っていたルーズベルトの本心は、この尊大な軍人をともかくもワシントンから遠ざけることにあったのである。そこでマッカーサーがマニラへ到着する前に、即日発効で後任の新参謀総長を任命。この措置で米軍の慣例により、マッカーサーは自動的に二つ星の少将におろされた。かれは激怒した。「あの卑劣漢め」と、辛辣《しんらつ》な言葉でルーズベルトを罵《のの》り、政治家というものにより不信をつのらせた。

余談だがマッカーサーはこのマニラへ向かう失意と憤懣《ふんまん》の船中で、のちの賢夫人ジーンと出会い婚約している。陸士校長時代に、金持ちの離婚歴のある婦人と結婚したが、謹厳そのものの軍人に似合う女性ではなく、六年前に離婚し、かれはずっと独身であったのである。二人の正式結婚は二年後の一九三七年（昭和十二年）ニューヨークで行われた。新郎五十七歳、新婦三十八歳。このときが、マニラに後半生を捧げることとしたかれにとって、ただ一回の帰国となっている。

そしてこの年、新婦をともなってマニラへ帰る途中、横浜に立寄ってホテル・ニューグランドでまだ新婚間もない夢枕を結んだが、終戦後の進駐のときにはそのことをおくびにも出していない。まこと見事なストイシズムというか、むしろ「骨の髄からの役者だのう」というほかはない。

それはともあれ、フィリピンのケソン大統領は、後半生を埋めるつもりのマッカーサーを、のちにマッカーサー夫妻を大歓迎した。マニラホテルの最上階を居所に提供し、自分の給料より多い年俸を支給、そして米陸軍にはない「元　帥《フィールド・マーシャル》」の称号を贈った。コーンパイプとともに、マッカーサーをよく象徴する「軍帽」は、このときにつくられたものである。いらい、かれはそのフィリピン陸軍元帥帽をかぶり、一度も米陸軍の制式軍帽をかぶったことがない。〝かれ一人のために〟デザインされた元帥帽は（実はかれが註文してつくらせたという）かれの自尊心をくすぐり、大いに満足させたものであった。

この一九三七年、かれは少将で三十八年間勤務した米陸軍を正式に退役、全努力をフィリピン政府のために捧げる決心をする。この年、日本は盧溝橋《ろこうきょう》の一発に端を発して、長い戦時下に突入している。

日本のアジアへの進出を眼前に、マッカーサーは真剣にフィリピン軍事機構の建設計画を立案し、実行していった。かれは公言した。

「一九四六年までに私はこのフィリピンを太平洋のスイスにする。いかなる侵略者も五十万の兵を動かし五十億ドルの金を使い、三年かけなければ征服できない国にする。私は神の恩寵によって、ここへ来た。これが私の運命である」

しかし、日本は一九四六年まで待っていてはくれなかった。日米関係は加速度的に悪化、一九四一年（昭和十六年）六月、この情勢をみてマッカーサーはフィリピン軍の米軍編入、そして自身が極東米陸軍司令官に就任したい、と提案するまでになる。ワシントンは承知した。七月二十六日付で米陸軍少将に復帰、翌日に中将に昇進、極東米陸軍司令官となる。このときも、運命を適切な行動によって切り拓いた満足感が、かれにはあった。

そして、それからわずか四カ月余ののち、日本軍の爆撃機の大編隊がかれの寝込みを襲った。なぜなら、かれは一九四二年の春以前に攻撃があることはありえない、と確信していたからである。つづいて日本陸軍の上陸、大兵力による攻撃に、マッカーサーの指揮するフィリピン軍は抗することもできなかった。マッカーサーはすべての思いを「アイ・シャル・リターン」の一語にこめて、フィリピンから脱出するほかはなかった。

それからのことはくどくど書くまでもないだろう。激闘四年近く、〝元帥帽〟のマッカーサーはフィリピンに帰ったばかりでなく、いまや十一カ国の連合国軍の最高司令官として、降伏した日本に降臨したのである。しかも、日本を「太平洋のスイス」たらんとして。それにしても、かつてマニラで公言した「一九四六年までに私はこの国を太平洋のスイスにする」という言葉の、なんと象徴的に響くことか。

マッカーサーはこうして、フィリピンで完成できなかった理想を、いまこそ実現するために、「神の恩寵によって」日本にやってきた。それは「私の運命である」と確信しながら、である。

3. 神様は姿を示さない

❖「民主主義の年」

東京の中心、宮城《きゅうじょう》とお濠《ほり》をへだてて向き合っている第一生命ビルの屋上には、昭和二十年九月十七日いらい、星条旗があざやかにひるがえりつづけた。そしてこの旗の命ずるもとに、昭和二十年から二十一年にかけての十数カ月は、日本にとっては、字義どおり「民主主義《デモクラシー》の年」となった。

使命に燃えるマッカーサーとその側近たちは、民主主義を進める政策実現の努力においても、それを推進するエネルギーにおいても、日本民衆を決して失望させなかったのである。絶望と混乱と頽廃《たいはい》、そして飢餓にあえぐ日本そのもの、というより日本帝国の旧勢力には、一連の改革方針は脳天をくだく鉄槌の連続にひとしかった。だが一般国民にとっては、それは一種の解放であった。占領軍は進駐軍となり、解放軍ともなった。

指令は、矢つぎ早に発せられた。

主要戦犯容疑者三十九人の逮捕（九月十一日）、検閲制度の廃止（九月二十九日）、人権の確立、治安維持法の撤廃、政治犯の釈放（十月四日）、婦人の解放と参政権授与、労働組合組織化の奨励、学校教育の自由化などいわゆる五大改革（十月十一日）、財閥解体指令（十一月六日）、五十九人の元日本の指導者だった者の戦犯逮捕追加（十二月二日）、国家神道の廃止（十二月十五日）……。

さらに連合国軍総司令部（GHQ）は、昭和二十一年一月、戦争中に要職にあったもの全員にたいして公職追放を命令した。いわば軍国主義でこり固まった日本帝国の残滓《ざんし》の大掃除である。

もちろんそれ以前に、ワシントンからの指令の第一目的たる日本の「非軍事化」は、電撃的に処理されている。八月十五日現在、海軍の艦艇はほとんどなかったが、陸軍は日本本土に五十七個師団約二百五十七万名余の兵力を有し、陸海合わせて約一万六千機の航空機が残っていた。これらがおとなしく武器をすて、武装解除が完了したのは十月十五日。

一発の発砲もなく、ただ一人の死傷者もなくこれが完了したというのは、世界中のだれの眼にも奇跡としか映らなかった。十死零生《じっしれいしょう》の「カミカゼ」をあえてした日本軍が、なんの抵抗もみせないとは。スターリンですらこう洩らしたという。

「日本人は裏切りやすい国民だし、狂人的な刺客《しかく》が残っている。私ならまず人質をとり、すべての軍艦や航空機や武器をマニラに送らせるだろうものを……」

だが、マッカーサーにとって、それは奇跡ではなく、計算された作戦と呼ぶべきものであった。「天皇の命令」という唯一崇高な伝統的な心理作用を活用することで、緊張は魔法のようにほぐれるであろう、という強い確信がかれにはあった。

こうして、マッカーサーの圧倒的ともいえる強い信念のもと、ＧＨＱの〝民主化ひかり号〟は、稲妻のように敗戦日本の上を走りぬけていく。アメリカ本土の、かれを支持する保守派やウルトラ右派は、マッカーサーのあまりの進歩性に唖然《あぜん》として見守るだけであったし、かれを〝反動的〟と唾棄《だき》していたニューディール改革派は困惑どころか、いったい日本では何事が起こっているのかと、混乱するばかり。マッカーサーはあまりにも毅然として改革をやってのける。が、その実は、マッカーサーは、疑惑と過敏すぎるおのれの神経に悩まされていたのである。ワシントンにいるあの連中が、かれの失敗を待ち、すぐにでも更《こう》迭《てつ》させる動きをはじめるのではないか。こっちが信じない以上に、あっちも私を信頼していない。マッカーサーはそう思う。このため、常にもましてかれは新聞批判により神経質になった。日本の新聞へは、敗戦国らしくすることを厳命した。結果として、最高司令官への批判を書かないことが、占領中の新聞の鉄則となった。そして世界の新聞にたいしては、意にみたぬ報道があると、猛犬が嚙みつくように即座にきびしい反論を加えた。

傲岸不遜《ごうがんふそん》ともみえるマッカーサーの、新聞の攻撃にたいする反応は、痛々しく、見るに耐えないほどだったという。つまらぬ、とるにたらぬ報道にも、ぴりぴりと感電したかのように反撥し、かえって問題を大きくし、長びかせることになった。

しかし、マッカーサーの心奥《しんおう》には、それが占領軍政策遂行上の一種の障害物なんかではなく、かれのつぎへのステップを阻害するワシントンの廻しものとみえたのである。つぎのステップとはなにか、いうまでもなく「大統領への道」――。

❖「日本を離れられぬ」

すでに書いたが、マッカーサーはワシントンに不信をなげかける、ではなくて恐れている。いや、さながら敵対するかのように、一連の改革が行われている間じゅう、日本を離れることを断々乎《だんだんこ》としてかれは拒否した。アイゼンハワーのように英雄として凱旋するようにとの招請をも、すげなく袖にした。さながら日本民主化を自分にだけ可能な天職であるかのように、「私はいま日本を離れられぬ」といって。

敗戦ですべての権威が消失し、確乎たるリーダーシップを失ってカオスのなかにある日本民衆は、この〝天職に生きる〟マッカーサーのなかに、たしかな、新しい指導者を見出していた。天皇との会見のときの記念写真の公表にも、多くの人はさもありなんと納得して眺めた。寛容にして深い情感と強固な意志と、超人的な才能、指導力、そして何よりもその神秘性。なにしろ新聞はまったくその悪い面を報じようとはしないのである。

そしてマッカーサーその人は、天皇の上に君臨する大ショーグンとして、自分がどうあるべきかを誰よりもよく自覚していた。おのれは何よりも超越的な存在とならねばならない。「アジア人は、野心的で決断に富みダイナミックな指導者を、内気で不決断な指導者よりも尊敬し、かつそれに従うことを喜ぶものである」――これがアジアをもっともよく知る男と自認するマッカーサーの、アジア人観なのである。

第一回の天皇会見（昭和二十年九月二十七日）の折に、天皇に国内巡幸を大ショーグンはすすめたという。その言葉にそって天皇が宮城の奥から出て、国民の前に〝人間天皇〟を示しているとき、マッカーサーはまさに〝現人神《あらひとがみ》〟の如き存在となり、宿舎とGHQの間を一日二往復するだけという、神秘的な日常を保った。

ジョン・ガンサーの言葉を借りよう。「人をよせつけず、ほとんどその姿を見せないことによって、かれはその声威を高めている……神様というものは、めったにその姿をお示しにならないものだ」。権威は神秘のヴェールに包まれていなければならない、それがマッカーサーの正確な判断であった。

占領下にはまったく霞の奥にあったマッカーサーの、東京での日々は、いまではあますところなく知られている。

宿舎の大使館で朝遅く目ざめると、まず側近のウィロビー少将の〝情報報告《インテリジエンス・レポート》〟を読む。朝食をすませ十一時ちょっと前ごろ、第一生命ビルに向かう。車中の所要時間五分と三十秒。大使館の門を出ると、日本の警官がすぐつぎの警官に合図。合図は自動車が進むにつれて、つぎからつぎへリレーされ、この間交通は完全にとめられる。この道すじは一度たりと変更になったことがない。

GHQにつくと六階の執務室にのぼる。机の上に、副官バンカー大佐のメモがのっている。その日の予定訪問者のリスト、そして前日の面会申込者のリスト。最高司令官に会うためにはＧＨＱの高官だろうと（ホイットニーを除いて）すべて会見願いを提出し、約束をいただいておかなければならない。

いよいよ十二時ごろから、訪問者に会う。かれはときに歩きまわりながら熱弁をふるうが、訪問者の知能程度を見定めたり、訪問者を試験台に使って「考え抜く」ことも好きであった。マッカーサーと知的な会話で太刀打ちできる人物は少なかった。

午後一時半から二時ごろまで執務室にあって、それから帰宅するまで夫人が温かくしておく昼食をとりに、大使館に戻る。客をもてなす必要があるときは、昼食会に拡大してここに招いた。公式の夕食会などの夜の行事はすべてなし。日本式宴会などもってのほかである。

この公式昼食会もハンで捺《お》したように画一化されたものであったという。大使館の応接間に客が全員そろうと、それからやがてショーグンがお出ましになる。客人に目もくれず夫人のところへまっすぐにいくと、「ハロー、マイ・ディア」、夫人は「おお、ジェネラル」といい合って、接吻する。それから初めて、客人のほうに向き直って、「ヤア」と一人ひとり握手と挨拶の言葉をかわして歓迎するのである。挨拶が終わると、

「皆さんは、さぞかし空腹にちがいない」

と食堂へたちまち案内される。あてにしていた酒はまったく出ない、のである。ただちに食事。

宴会（?）があろうがなかろうが、手早く昼食が終わるとただちに昼寝。英首相チャーチル同様、マニラ時代いらい、これはマッカーサーにとって欠かすことのできないものであった。

それから夕方四時半ごろにふたたび出勤して、一人か二人訪問客と会い、細かな指示をしたりして午後八時には執務を終え、大使館に帰る。日曜日などなかった。わずかに執務時間が一時間ほど短くなるぐらいで、絶対に休むことはない。それに何よりショーグンは丈夫この上なかった。

夜は食事を終えてからの映画を楽しむ。日曜以外は毎晩で、西部劇、コメデ

イ、ミュージカルが好みで、とくにビング・クロスビーがお気に入りである。そのあと眠る前に歴史書を読んだ。政治書や文学書にはほとんど興味をもたなかった。

要するに、ムダのないきびきびした野戦型司令官の日常を東京にそのままもちこんだのである。最前線まで出かけていくほどやたらに動きまわるのが好みだったこの人が、五分三十秒の往復以外は外に出ることもなく、狭い室にとじこもるのは、恐ろしい自己抑制が必要だったことであろう。しかし、占領を成功させるために、つぎのステップのために、それが必要なのである。

人に訊《き》かれても、自分は政治にはまったく関心がない、と答えるのをショーグンは常としていた。だが、それはかれの本心ではなかった。一つの目的のためにストイシズムを貫いているのである。三年後のホワイトハウスのつぎの主人にだれがなるか、そして、ダグラス・マッカーサーがなり得るか否か、それのみがかれの関心事なのである。

❖自由人の自由という権利

　このようにマッカーサーは、日常も野望も神秘の奥殿のうちに秘めて、〝いい占領〟を完成すべく全力をあげた。そのためカリスマ性を保った。占領軍最高司令官として日本にあること二千日、その日常は一日として変わることがなかった。土曜はおろか日曜祭日（独立記念日などアメリカのも含める）も休まなかったのである。スケジュールを乱されるのは、政府高官や来賓を羽田空港に送迎するときだけである。

　日本国内の旅行もまったくしていない。京都も奈良も箱根も日光も、かれにとってはないにひとしかった。眼に入る日本の、いや東京の風景は、大使館―第一生命ビル間のきまった道の両側だけである。ときには羽田までの。

　そういえば一九三五年（昭和十年）のマニラ着任から、一九五一年（昭和二十六年）の解任召還まで、結婚式などのためのただ一回の帰国をのぞき、この頑固な男は祖国アメリカですら訪れることはなかったのである。

日本の指導者に会うことも最小限にした。会見の記録をみてもほとんどが儀礼的なものが多い。それも第一次吉田茂内閣が成立（昭和二十一年五月）してからは、かれに会える日本人はほとんど吉田首相だけになってしまう。つまりは吉田茂をのぞいては、日本のどんな指導者とも、突っこんだ話をしたことがなかったのである。

最高司令官のこの頑固な日常にはGHQの部下たちがしばしば音をあげた。これではみんな「死んでしまう」と訴える側近に、マッカーサーの返事は断乎たるものであった。

「人間と生まれて、自分に与えられた仕事をしながら死ねるとは、これほどの幸せがあるだろうか」

こうした使命感に裏打ちされ君臨した「マッカーサーの二千日」によって、戦後日本人が〝得たもの失ったもの〟は何であったのだろうか。一つだけ明瞭なことがある。それは日本がドイツのように分割されなかったことである。いうまでもないことだが、大局的には、戦中からつづいたソ連の執拗で、狡猾《こうかつ》で、強圧的な「北海道の北半分をよこせ」という日本分割要求をはねのけ、強腰を貫いたのはワシントンである。

しかし、戦後になってすぐ、一回だけであるが、トルーマンはスターリンにたいし、「もしもマッカーサー元帥が必要と考えるならば、降伏条項を実施するために日本に一時的に〝しるし〟だけのソ連軍を駐留させてもよい」と通告したことがある。そこから、日本占領の現場において、否応なくこの米国政府の意思の確認を、米ソの将軍の間でされることになった。

そこでソ連代表デレビヤンコはさっそくGHQを訪れ、マッカーサーにたいし、北海道へのソ連軍派遣、駐留をもちだしている。マッカーサーは即座に拒絶した。ならばと、デレビヤンコは脅迫した。

「よしそういうことなら、ソ連政府は、貴官を連合国軍最高司令官の座からかならずひきずりおろしてやる。貴官が何といおうとも、ソ連軍は日本本土に進駐する」

マッカーサーは冷ややかにいい放った。

「もし、私の許可なくそんなことをすれば、全ソ連将校をその場で逮捕、投獄するまでである。もちろん、貴官をまず第一に牢獄に放りこんでやる」

デレビヤンコはしばらく、まじまじと傲然たる〝元帥〟の顔を見つめていたが、

「まったく君ならやりかねない」

とつぶやいて退散した。そしてソ連はこれ以上、進駐をいいだすことはなかった。

マッカーサーは自分ひとりの全責任において、こうして軍国日本を民主化するという難題にとりくんだのである。日本国内を旅行せずとも、日本の指導者と会うことをせずとも、自分は日本を知っているという自画自讃的な信念を根柢にして、である。それとももう一つ、「私は間違っていない」という絶対の自信をもって。かれは語っている。

「私のすることとは、二つの理想にたいする深い信仰から生まれる。すなわちキリスト教と人間の尊厳性である。われわれはいま、それを民主主義と呼んでいる」

「民主主義とは、文化や教育や知性の度合いを示すものではなく、それはただ〝自由というもの〟にすぎないのだ」

「日本人を判断する唯一の方法は、日本人が戦前にもっていたものと、現在もっているものとにもとづいて行うことである。戦前には七千万の奴隷と一千万のボスがいた。七千万は自由に旅行し、話をし、考えることができなかった。現在日本人は、地球上のどこの国民とも同じように自由である。かれらは思うことをいうことができる」

「いまや人間のあらゆる特権のうちでもっとも貴重なもの、すなわち自由人の自由という権利を体験した日本人は、金輪際ふたたび自由のない生活に帰すようなことはあるまい。ひとたび自由になった国民は、決して二度と自発的に奴隷の地位を甘受することはない。このことは歴史が教えている」

❖新憲法制定と「戦争放棄」

そして、より具体的には、新憲法の制定と個人の人権の尊重・保障と農地改革こそが、マッカーサーの最大にして最高の功績であった、とみたい。昭和前期は、人の生命を塵芥《ちりあくた》のように考え、農村の貧しさと不満の声をテコに、天皇大権を巧みに利用する政治（軍事）が、日本の進路を誤らせてきたのである。と考えれば、この三つこそが、日本をふたたび軍事帝国主義国家にしようという政略を、一挙に砕き、断じて拒絶する決定的な一撃になったともいえる。「国のために」という大義名分のもと、赤紙一枚で人間の生命を戦場で空しく散らせることはもう金輪際できなくなったのである。

そして新憲法の根本理念が象徴天皇と戦争放棄と基本的人権にあることは、多くの人のうべなうところであろう。だが、第九条をみるとき、一九二八年（昭和三年）に、フランス外相ブリアンが提唱し、世界十五カ国の代表によって調印された「不戦条約」の、第一条を想起する人はそれほどいないかもしれない。

「条約国は、各その人民の名において、国際紛争解決のため戦争に訴えることを罪悪と認め、かつその相互の関係において国策の手段として戦争を放棄することを厳粛に宣言す」

その頃の日本の外交の重鎮が幣原喜重郎《しではらきじゅうろう》でその批准に大いに力をつくした。そして新憲法制定時の首相が同じ幣原、ということから、幣原首相が二十年をへたのち同じ精神を新憲法にくみいれた、とする人がかなりいる。それに異論はないし、戦争放棄が軍人マッカーサーの心のうちにもあったことも、これも疑うことはできないのではないか。

〝元帥〟マッカーサーは、日本に君臨する直前から、戦争というものが引き合わない仕事であると考えはじめていた。第二次世界大戦がそのことを証明しているではないか。マニラから横浜まで、かれはそのことを考えに考えて、それがミズーリ艦上の熱情的な演説となった。だが、無念なことに、ワシントンが邪魔をし、耳を傾けようとするアメリカ人はいなかった。

ところが日本人は……？　日本人こそが「恐るべき経験」によって、悲惨な体験によって、未来の戦争が自殺的行為であることを知っている世界で唯一の国民ではないか。

歴史好きであり、宿命論者であるマッカーサーの世界史像は奇妙なほどに神学的になっている。神の摂理に導かれて、日本民主化の重任を負ったと信じるかれは、日本をつくり直すことによって、終末に直面している世界を救うための「モラル・リーダーシップ」を、この国にとらせようとしたのである。それを自分の天与の使命としたのである。そこにはまた、自分自身の理想主義の実現というもう一つの野望が重なっていた。

マッカーサーが、祖国アメリカにもこのモラル・リーダーシップをとらせるべく努力をしたという、痕跡はひとかけらもない。ワシントンにたいしてはただ不信あるのみ。だが、広島・長崎を体験し、戦争によって完膚《かんぷ》なきまで打ちのめされた「民主主義国家としては十二歳」の日本人なら、それが可能であろう。観念のなかで戦争を否定する軍人となっていたマッカーサーが、日本に「平和憲法」をつくらせようとした考え方の基本が、そこにあったとみることもできるのではないか。そして日本国民の多くはこれを真摯にうけいれた。

昭和二十一年（一九四六年）四月五日、対日理事会でかれは力説した。

「戦争の放棄を全国家が実行しなければ不可能である。この戦争放棄は同時的かつ普遍的に行われねばならない。すべてか、然《しか》らずんば無である」

さらに新憲法施行後の五月三十一日、マッカーサーは、訪れた米本国からの客に滔々《とうとう》とこうも語っている。

「私の職業は戦争であり、私の少年の日の最初の記憶はラッパの響きである。しかし、私は戦争を憎む。次の戦争で生き残る人間は少ない。いま、合衆国がそんな戦争の準備をせっせとやっていることはナンセンスである。かれらは頭がおかしくなっている。そこへいくと日本人は、そんなバカな考えをすっかり頭からぬぐい去った。……日本は軍国主義の精神を追いだし、戦争放棄を宣言して、そのことによって、歴史で最初に、戦争に勝った国になったのである。世界の各国はこぞって、日本のあとについていかねばならないであろう」

それはまさに意図する〝いい占領〟が、光彩をともなって実現している、と確信できるときであろう。敗戦日本の救世主は、いまや世界の救世主たらんとしていた。

つまりは、昭和二十年から二十一年は、理想に燃える指導者のリードで、日本全国にデモクラシーが駆けぬけたとき、といってもそれは決して大袈裟ではないであろう。それこそはまた、マッカーサーの得意の絶頂期でもあった。

4．解任は二年遅かった

❖ワシントンの右旋回

明日の食に追われ、あるいは平和主義に希望しかみなかった日本人に、それを十分に理解せよと註文するのは無理なことであったろうが、昭和二十二年（一九四七年）は「マッカーサーの日本」にとって大きな転換点となった。それは前年の十一月の米国の中間選挙の結果がもたらしたものである。十四年ぶりに、共和党と南部民主党の連合勢力が、ニューディールの改革派を完全に破り去ったのである。

ヨーロッパにおいて、日本において、アメリカが民主主義の伝道者あるいは改革十字軍をつづけることが許されなくなった。ワシントンの政治的空気が変わった。政策の大転換がもたらされた。結果として、それまでマッカーサーの尊厳性にまかせたきりで、日本占領政策をコントロールしていなかったワシントンの諸機関が、昭和二十二年に入るとつぎつぎに介入、GHQのやり方に文句をつけてきたのである。いぜんとして改革政策をつづけているのはどうしたことか。

背景にはヨーロッパを舞台に烈しく戦われはじめたソ連との冷戦があった。ワシントンの空気は、「日本をふたたびアジアの強国とせぬために、徹底的に非軍事化と民主化を行って底力を弱めよう」という初期の方針から、ソ連と世界共産主義に対抗するため「日本を強力な経済的な同盟国に仕立て直そう。アジアにおける防波堤にしよう」という方針に変わったのである。この冷戦政策に立つかれらはいった。

「アジア最大の工業国である日本の経済復興こそ、アジアの共産化を防ぐカギである。日本はアメリカのおいしいケーキである。それを切らせないやつがいる」

そのケーキを切らせぬ不届きなやつとは、いまや絶大な力をもつマッカーサーなのである。大統領や国務省のいうことをきかぬとは何ということか。「政策の手先にすぎないやつが、政策を自分でつくっている」。これは許すべからざることだ。

こうして二十二年の春ごろから、マッカーサーの夢想にまかせておいては日本がだめになる、の声がワシントンを中心に、アメリカ全土にひろがりはじめていた。かれらの目には「太平洋のスイス」もへちまもない。

いぜんとして奥の院にこもったまま、超然たるかにみえるマッカーサーも、そうした空気には反撃せざるをえない。三月十七日、自分のほうから申し出て外国人記者クラブで共同会見を行って宣言した。

「日本の軍事占領を早く終わらせ、対日講和条約を結んで総司令部を解消すべきである。その交渉はできるだけ早く開始すべきであり、遅くとも一年たたぬうちに始めるべきだ」

この発言はまたワシントンを怒らせた。いますぐにでも平和条約を結び、以後をまったく日本人にまかせるなど「狂気の沙汰」だ。日本はソ連とそれに従う国に半分包囲されている地形にあるではないか。これは共産主義にたいする日本の抵抗力を弱めるための政策としか思えない。マッカーサーの対日政策を根本的に改めねばならない、とワシントンは躍起となった。

いや、これはあの「金ピカ帽」野郎の大統領出馬宣言にひとしい。現役将官は政治的公職につくことはできない、という米軍の内規から、かれが出馬するというのなら、最高司令官の職を辞任せねばならぬ。講和条約が早々に結ばれ総司令部が解消されることになれば、かれの任務が完了したことを意味しよう。そしてマッカーサーは、栄光のヒーローとして凱旋することになる。大統領の椅子も夢ではなくなる。

厚木に降り立ってから二年、たしかにマッカーサーはむずかしいところにきていた。政策の変更と大統領選。さらにいえば昭和二十二年半ばまでには、かれの指揮した民主化計画はほとんど完了していた。残されたものも、みなスタートを切っていた。神秘のヴェールのかげで、いつまでも得意然としているわけにはいかなかった。

❖大統領への野望

一九四八年（昭和二十三年）、大統領選の年がやってきて〝元帥〟はいやでも意思を鮮明にせねばならなくなった。初めのもくろみどおりに軍事的かつ政治的な英雄として、凱旋帰国して華々しく打ってでるわけにはいかぬ。そこで、遠く日本にありながら、いまやマッカーサーは自分が指名候補として支持者によって推せんされることを許したのである。

「マッカーサーを大統領に」のウルトラ右翼のクラブが、アメリカ各地に組織されていった。こうした動きを承知して、三月九日、マッカーサーは公式声明を発表する。相変わらず貴族意識ふんぷんたる声明を。

「国内的にも国際的にも、現世的にも精神的にも、重大なこの時期に、このような民衆の運動によって深く心を動かさない者はないであろう。私は謙譲な気持ちを維持しつつも、もしこの私が、アメリカ国民によってある公職につくよう呼びかけられたとき、これにともなう危険と責任の故に、その受諾を回避するようなことがあるならば、それこそ、よき市民にたいする私のあらゆる概念に背反することになろうと、あえていいたい」

要するに、自分は積極的に大統領になる運動はできないが、それが提供されれば、辞退するものではない、とかれはいいたかったのである。マッカーサーの最後の〝野望〟実現の戦いがはじまった。

しかし、楽観していたにもかかわらずマッカーサーは、たちまちに大いに失望せねばならなかった。四月七日の、最初のテストとなったウィスコンシン州の候補予備選挙で、結果は惨敗と出た。二十七名の代議員のうち、かれの得たのはわずか八名。状況が悪く傾いたときには、神を信じ、常にチャレンジするマッカーサーは、かえって勇を奮い起した。二日後、ネブラスカ州のかれの支持組織の会長に電報を打って、まだ選挙戦から身をひいていないことを明らかにした。

「アメリカ国民に呼びかけられたとき、私はいかなる公職にもつく用意があるといった三月九日の声明は、単に一つだけの政治的テストに限られたものではない、ということを明らかにしておきたい」

しかし、ウィスコンシン州の敗北から、人気はしぼんだまま、ついに燃えあがろうとはしなかった。ネブラスカ州でもようやく第五位をしめたにすぎない。

その直後の五月二十七日、上院歳出委員会がマッカーサーの帰国と、上院での証言を要請してきた。いまこのとき帰国すれば、大きな政治的なチャンスを手に入れることができると、側近たちも米本土の支援者たちも確信した。「帰国を急げ」の叫びがあがった。この日、マッカーサーは平日どおりのスケジュールを守ったが一日じゅうついに口をきかなかった。深い沈黙のうちにかれは決断し、翌日にその招待を拒絶した。

長文の声明は、例によって至極格好をつけたものであった。いまワシントンに帰ることとは、それは政治的動機によるものだと誤解される。帰る意思はない……と。つまり、帰国はいかにも物欲しげな様子をみせることになる、そんな行動は世界的な人物であるおのれにはふさわしくない。帰国するのであれば、かれにあっては、すべての任務を果たし終えての凱旋でなければならなかったのである。

六月のフィラデルフィアでひらかれた共和党全国大会が決定的となった。第一回投票一千九十四票のうち、かれに投ぜられたのは十一票。この十一票も三回目の投票ではゼロになってしまった。なんという悲惨！

自己PRもふくめた日本占領の成果を、かりに認めることにしたとしても、アメリカ国民は「アメリカン・シーザー」よりも「愛されるガンジー」を大統領に選ぶものなのである。長く本国を離れているマッカーサーには、その英雄史観からは、戦後の流動するアメリカ民衆の心をまったく理解できなかったのであろう。のちに『回想記』に書いている。

「一国の首班になりたいというような気持ちは私にはさらさらなかった。その仕事は日本占領だけで十分だった」

なるほど、日本にいれば大ショーグンでいられる。ともあれ、ひそかに抱きつづけてきた野望が、ここに完全に潰《つい》えた。残されたのは、老齢による隠退しかない。

た。

❖栄光の終焉

「神と良心」に導かれた、というマッカーサーの〝使命〟は、もう終わっていた。

共産主義勢力の浸透、ワシントンの焦慮と冷戦政策への急転回、それらの圧力にマッカーサーはじりじりと押されて、日本占領も初期の道を変えざるをえなくなった。その理想からどんどん後退していった。「全能の将軍マッカーサー」のイメージがこわれるのを防ぐべく、細心の注意をはらいながら。

一九四九年（昭和二十四年）になると、ワシントンの指令はいまや強硬きわまるものとなってきた。援助投入による日本経済の再建、GHQの機構縮小と日本政府への権限委譲、警察力の強化、パージの緩和。すべてマッカーサーの〝理想〟を骨抜きにするものばかりである。そればかりではない、かつて信じていたアイケルバーガー中将が、その主張による、日本再軍備論までを押しつけてきた。

再軍備の強圧に、マッカーサーはねばり強く抵抗した。よきコンビたる吉田首相も抵抗した。吉田は「防衛はアメリカにまかせて、その費用で復興を」という現実主義から、マッカーサーはいうまでもなく「理想主義」から。

マッカーサーは、警察力の強化やパージ緩和など、かれの信念に反する指令には、実行を無視するか、ずるずるとサボタージュで応じた。当たり前の軍人ならたちまちクビになるところであったが、第二次世界大戦の国民的英雄であり、日本人にとっての「慈父」をクビにできる理由は、ワシントンにとってもよほど重大なものでなければならなかった。

マッカーサーは、真剣に栄光ある隠退を考えはじめた。自分の栄光に泥をぬりたくはなかった。そこで一日も早い対日講和条約調印をのぞんだ。条約調印後は故郷のミルウォーキーに帰るとまで、強気と頑固一点張りの男が言明するまでに至った。

だが――、そこへ朝鮮戦争が勃発したのである。幸か不幸か。歴史は皮肉である。

一九五一年（昭和二十六年）四月十一日に、この戦争遂行の戦略論争の対立から、トルーマンによって解任されるまでのことは、よく知られている。

だが一つ、この終幕に達する前に、昭和二十五年（一九五〇年）七月、予備隊創設を命じたマッカーサーの指示のことにふれておかねばならない。マッカーサーは吉田首相に書簡を送った。

「私は日本政府にたいし、人員七万五千名からなる国家警察予備隊を設立する権限を認める」

朝鮮戦争で米軍七万五千名が出払ってしまったあとの真空を埋めるため、というさし迫った理由があるにせよ、この指示が戦後日本の再軍備への第一歩となったことは疑いがない。これを戦争放棄を新憲法にもりこませ、「太平洋のスイスたれ」と説きつづけてきたその人が命じたのである。

これほどの背信はなかったであろう。おのれの信念のもとに、という美意識で常に行動してきたマッカーサーにとって、ワシントンからの命令とはいえ、これほどの屈辱はなかったであろう。自己欺瞞《ぎまん》はなかったであろう。もはや日本は「マッカーサーの日本」ではなくなっていたのである。かれは日本人が仰ぎみた

「全知全能の人」という看板を、とうにおろしてしまったのである。いや、おろさせられていたのである。

常に後世の批判を意識し歴史を省察する男であるかれは、晩年には新憲法の第九条の功績も責任もすべて、時の首相幣原喜重郎のものとした。

「幣原首相はそこで、新憲法を書上げる際にいわゆる『戦争放棄』条項を含め、その条項では同時に日本は軍事機構は一切もたないことに決めたい、と提案した。……私は腰がぬけるほどおどろいた。……戦争を国際間の紛争解決には時代後れの手段として廃止することは、私が長年熱情を傾けてきた夢だった」

その最晩年に筆をとった『回想記』の、この誇るわけにはいかないくだりを書くときの、マッカーサーの、無念さと後悔とで、苦渋に満ちていたであろう顔を想い描くとき、人間の理想のなんとはかなきことかと、しばし嘆ぜざるをえない。そして一人の男のはかなき理想（野望）にふりまわされた終戦直後、占領時代とは、いったい日本人そのものにとって何であったのか、あらためて考えざるをえなくなる。

マッカーサーはそれでもなお、一カ月後に書いた書簡で「日本は再軍備すべきではない」と強弁するのである。

「いまの日本の最大の目的は、混乱したアジアの中にスックと立って、静かさと、落着いた態度を示すことにあります。日本は、アジアの不幸な人々の希望の象徴となるべきであります」

最後まで「負け犬」になることを、かれは拒否していた。戦後日本の希望の象徴であろうとした。

マッカーサーが解任されたとき、マーシャル国防長官がいったという。

「記録を調べてみると解任は二年遅かった」

それはアメリカの世界政戦略からみた場合の話である。日本人にとっては、それが何年遅すぎたのか、いや、それとも何年早すぎたのか。それはわからない。しかし、その凄惨この上なかった戦争体験をしたものたちには、早いも遅いもなかった。いまになってはっきりしているように、マッカーサーが押しつけたものではなく、幣原首相が率先して提示した戦争放棄こそが、これからの新しい日本国の進むべき理想の道とほんとうに心から思ったのは、たしかなことであったのである。

しかし、わたくしを含めて、焼け跡で、坂口安吾《さかぐちあんご》の言葉を借りれば、「一皿の焼鳥のように盛られて並べられている（中略）犬でもなく、人間ですらもない」山のような焼死体をこの眼でみた人たちは、日を追ってあの世へ去っていっているのである。ならば、いつまでも「戦後」をひっぱりつづけるのは、もうおかしいのかもしれない。憲法改正に七〇パーセントの国民が賛成しているという事実。とすれば、いま、進むべき理想を見失いかけているわれわれは、マッカーサーが日本人に課した「モラル・リーダーシップ」について、冷静に、そして本気になってもう一度考えねばならぬときに直面しているのである。そういえる。そのことだけは間違いはない現実なのである。

（付記——これをまとめるにあたっては畏友袖井林二郎氏の『マッカーサーの二千日』および諸論文を参考にした。ほかに週刊新潮編『マッカーサーの日本』、セオドア・コーエン『日本占領革命』、クレイ・ブレアJr『マッカーサー』などを参考にした）

第二話

昭和天皇の〝戦い〟

通勤客であふれかえった横浜市電。
丘の上に見える建物は戸部小学校。

1. 天皇制存続の是非

❖〝神〟としての天皇像

アメリカのジャーナリストのジョン・ガンサーは、各国を歴訪して書きあげた『亜細亜の内幕』のなかで、大日本帝国の天皇について、こう指摘した。

「日本は天皇によって統治されているのではなく、天皇の名において統治されているのである。天皇は人間であり、神でもある。天皇はひとつの象徴であり、いくつもの理論や伝統や影響力の集積を体現し投影したものだが、普通の意味での支配者ではない――ましてや独裁者ではない」

この書は、ノモンハン事変や、ヨーロッパで第二次世界大戦のはじまった一九三九年（昭和十四年）に刊行されている。まことにすぐれた天皇観であり、ガンサーの達眼を賞揚するほかはない。が、この時点では、いわば少数派の見方ではなかったかと思われる。

このころの、外国人の眼に映っていた天皇といえば、歯をむきだしてメガネをかけた軍服姿で、サーベルをかざして、中国に襲いかかっている新聞漫画が象徴している存在であったからである。とくに真珠湾〝だまし討ち〟以後には、より危険視されることはあっても、天皇が正しく評価されるべくもなくなっていった。

太平洋戦争開戦の翌年、豪州で刊行されたパンフレット「日本が神と呼ぶ人間」（W・J・トマス著）に書かれていることが、その代表的意見の一つでもあろうか。

「ヒロヒトは七千万人の日本国民によって神として崇拝されている。……この天皇の〝神性〟が日本国民の生命の主要因である。天皇の名において政治的暗殺が栄光化され、残虐行為が正当化され、世界の征服が宗教的信念にまで高められているのである……」

つまり、〝神〟としての天皇の名のもとに、全世界征服をめざして果敢な戦いをはじめた日本観が、ここには率直に語られている。

さらに興味深いデータもある。一九四四年（昭和十九年）四月号の「フォーチュン」誌が行った世論調査である。「日本国民にとって、天皇とは何か」という設問にたいし、読者はこう回答している。

唯一の神である　44・2％
名目上の飾り　18・6％
独裁者　16・4％
英国流の国王　5・7％
無回答　15・1％

ここにも〝神〟としての天皇像が大きく浮かびあがっている。実は「名目上の飾り」が雑誌社が予想した答えであったにもかかわらず。

それだけに、太平洋戦争も末期となり、日本の降伏が確実視されるにいたって、降伏後の天皇をどう扱うかの問題が、世界各国の政治家や知識人の間で熱心に討議されるようになった。とくにアメリカの国内において、そして国務省内において、議論がより高まった。戦後の日本においても天皇および天皇制を温存すべしとするもの、廃止を声高に説くもの、さまざまな意見が入り乱れて激論が戦わされた。

天皇制存続にたいし反対の態度を表明するものに、アチソン国務次官補、ヴィンセント極東局長、ホーンベック、ラティモア教授らがいる。かれらに同調するように、中国の孫文《そんぶん》の長男・孫科《そんか》は一九四四年十月に「ミカドは去るべし」という論文を発表した。

「天皇崇拝の思想は日本の侵略行動の真髄であるが故に、ミカドはその地位から去るべきである。……日本において、軍国主義と軍閥の力と天皇制とは、本質的に織り合わされているのだ」と。

さらに一九四五年（昭和二十年）ともなると、アメリカの世論は、なお日本がはげしい抵抗をつづけているためもあり、天皇については硬化する一方であった。同年六月二十九日のギャラップ調査で、戦後の天皇の身柄について、きびしい意見が出されている。

処刑せよ	33％
裁判にかける	17％
終身刑とする	11％
外国へ追放する	9％
そのまま存続	4％
操り人形に利用	3％
無回答	23％

「外国へ追放する」までの、なんらかの形で天皇の責任を問う意見を総計すれば、世論調査に答えたものの七割にもおよんだ。これが戦争末期のアメリカ人の天皇観の代表であったのである。

❖沈黙するＧＨＱ

こうした事実は、戦時下の日本国民にはそれほど克明には知らされてはいなかったが、政府や軍部の指導者は電波や中立国を通して、とくと知るところであった。アメリカ大統領ルーズベルトが固執する〝無条件降伏〟政策に、まともに突き当たって、日本政府が戦いは敗北のほかはないと覚悟を固めつつ、苦悩に苦悩を重ねた点も、またそこにあったのである。かれらがいう「国体護持」とは、戦争末期にあっては、裕仁天皇の地位の保全とほぼひとしくなった。

しかし戦争は、天皇の「私の身柄はどうなってもいい、国民と国土とを救いたい」という聖断で、ポツダム宣言の受諾という形で終結した。このとき、日本政府が連合国につけた唯一の降伏条件は、「天皇の国家統治の大権に変更を加うるがごとき要求は、これを包含しおらざる了解のもとに」という、きわめて漠然とした、天皇の地位の保全だけを訴えたものであった。

それだけに、ポツダム宣言を受諾したものの、天皇の地位と、ひいては天皇制はどうなるか、そのときの指導者にはっきり見通しをつけることができなかった。連合国と接触をはじめた出先機関のものは、必死になってなにか情報を得ようと努力した。しかし、〝これは〟というものをつかむことはできず、いきおいアメリカをはじめ連合国の、その日その日の新聞論調や記事に、一喜一憂するほかはなかった。

指導層はもちろん、出先機関の人びとはまるでだれかにリードされているかのように、同じ理念をしきりに説いてまわった。

「この混乱をのりきるためには、日本にとって、天皇陛下が大切なのだ。陛下の地位になんらかの変革を加えることは、日本をさらに混乱させるだけのことである」

こうした訴願にたいして、日本占領軍司令部は、だれも答えようとはしなかった。かりに答えるものがあっても、それは、

「日本国民の自由に表明される意思によって決まるまで」

と、ポツダム宣言の趣旨をただくりかえすにすぎなかった。

指導者は情報に心を暗くしながら、さまざまな思惑をひめて、議論した。ことが皇室に関することだけに、だれの口も重かったが、悲観論がやや全体を支配しがちであった。首相東久邇宮稔彦王《ひがしくにのみやなるひこおう》をはじめ、重臣筆頭の近衛文麿《このえふみまろ》がその中心である。とくに近衛は貴族出身の弱い性格もあり、つきつめて考えて悲観的であ

ったが、皇室にもっとも近いという立場から、比較的ズバズバと発言した。

「第一次世界大戦の経験からして、連合国はかならず戦争裁判を行うだろう。それには日本が先手を打って、天皇には政治責任がないことを示さねばならない。グズグズしていると、向こうから手を打たれる恐れがある。国体については、国民投票をやって、天皇制を確立するがよい、と思う。……陛下はご退位になって、高松宮《たかまつのみや》さんが摂政になられるのがよいのではないか。国民投票もいまのうちなら、天皇制支持になるが、先にいったらどうなるか。遅くなればなるほど共和制支持が多くなりはしないだろうか」

これと正反対の意見をもっていたのが、内大臣木戸幸一《きどこういち》である。

「陛下がご退位なされば、一個人ということになる。そうなっては、かえって御《おん》身《み》が危うくなろう。連合国から出頭を命ぜられることもあろうし、訊問され、かつ戦犯に問われないとも限らない。第一次世界大戦の例からみても講和会議は早いだろうから、しばらく自重されるほうがよい」

こうした日本側のひたすら憂慮をうちにひめた論議をよそに、連合国はさながら意見が一致したかのように、天皇制とくに裕仁天皇個人について、まったくふれようとはしなかった。とくに日本占領の総指揮をまかせられたマッカーサー元帥とその司令部は、完全に沈黙を守りつづけた。

そして連合国軍は昭和二十年八月二十八日、神奈川県厚木飛行場に進駐の第一歩を記した。マッカーサーが同じ厚木に丸腰で着陸したのは、二日後の八月三十日である。待ちかまえた日本人記者団にたいし、かれの演説はあまりにも短かった。

「メルボルンから東京までは長い道のりだった。……これで万事終わったようだ」

いや、それは〝終わり〟ではなく、日本人にとっては〝始まり〟であった。何が待ちかまえているのかわからない。にもかかわらず、マッカーサーは千両役者としての大見得を切っただけで、具体的には何一つとして語ろうとはしなかったのである。日本の指導層には、無気味というしかなかった。

この日の読売報知新聞に、日本のキリスト教指導者・賀川豊彦《かがわとよひこ》が長文を寄せている。

「たとえ身は焼かれても粉砕されても戦争は、陛下の指揮のあるまで続けてゆかなければならぬことを、毛程も嫌った日本人は一人もなかったことも事実です。それが、陛下の詔書によって戦争から平和へ完全に転回しました。その決意の固さと新しい理想の出発への努力……／総司令官閣下／貴官は日本進駐の第一夜をこの点についてよくお考え下さい。……」

知米派の名の高い賀川が「よく考えよ」とマッカーサーに訴えかけているのは、日本人すべてにたいする天皇の呪縛的な力について、である。見方によっては、天皇の身柄の扱い方のいかんによっては、日本占領は成功しないぞ、とおどしをかけているにひとしいことである。けれども、マッカーサーがそれを読んだという確かな証《あか》しはない。ただ、かれが日本人と、それに及ぼす「天皇のもつ神秘的な力」について〝よく考え〟ているであろうことは、日本軍三百万余の将兵のいる本土へ、丸腰で平気で上陸してくるあたりの〝読み〟からも、容易に察せられる。

❖平和の人・光明の人

天皇とその側近、そして日本政府が、はじめて占領軍司令官マッカーサーの人間性の一端にふれたのは、それから三日後のことであった。九月二日、東京湾に錨泊《びょうはく》する戦艦ミズーリ号上で、降伏の調印式が行われた。その冒頭で、マッカーサーは「神と良心」とに導かれた有名な演説をした。

「過去の流血と虐殺の惨事から得た教訓をもとに、……より良い世界が……自由と寛容と公正さへの願いがかなえられる世界となりますように……」「連合国軍最高司令官として、……正義と忍耐をもって私の責務を遂行することが、私の堅い決意であります」

このとき、いならぶ降伏調印の日本側全権団は、思いもかけぬ勝者の言葉に驚嘆した。なかでも、随員の外交官加瀬俊一《かせとしかず》は、驚愕をとおりこして感動すら感じたという。その力強い雄弁はもとより、語られた気高い理想に、電撃にあったように心打たれた。

「かれは屈辱的刑罰を（日本人に）課することもできるのである。しかも、切々として自由と寛容と正義を訴える。最悪の侮辱を覚悟していた私は本当に驚いた。私はただただ感動した。……生ける勇士にも、死せる犠牲者にも、この演説こそは、まことに永久に枯れることなき花環であった」

と、のちに加瀬はその著書『ミズリー号への道程』に書いているが、その時点で、噴きおこる感動をそのままぶつけたような報告書を、かれはしたためている。そしてこの報告書は、全権の重光葵《しげみつまもる》外相によって天皇の面前で朗読された。

いま、報告書の原文そのものは失われているというが、それがマッカーサー讃美の言葉に満ちたものであったであろうことは、その著書の美文の描写のなかから、十分にうかがうことはできる。

「マッカーサーは平和の人である。……将軍は光明の人である。将軍の寛大な魂が放つ光はさん然と輝きながら地球を包み、将軍の足跡は世界に明りを投げかけている。このような器量と識見を有する人物が、日本の運命を形成すべき最高司令官に任命されたのは、われわれの幸運ではなかったろうか」

重光が重々しく朗読する報告内容が、皇居で首を長くして待っていた天皇や側近に、どのように響いたかは、想像する以外にはない。が、少なくとも占領軍最高司令官が猛々しいだけの、単なる軍人ではない、という強い印象を与えられたことだけは確かである。かりにわれわれが勝利者であったとしたら、これほどの寛大さで敗者を包むことができるであろうか。そうした反省をひとしく指導者たちは感じないわけにはいかなかった。

宮中から退出してきた重光は、加瀬に「陛下も嘆息してうなずいておられた」といった。

さらに数日後、興味深い報告が内閣書記官長緒方竹虎《おがたたけとら》からもたらされた。九月八日、マッカーサーは宿舎である横浜を発して、この日はじめて東京へ足を踏み入れた。そしてアメリカ大使館に星条旗をかかげ、東京進駐式を正式に行ったのである。興味深い話はそのあとに起こった。昼食を帝国ホテルでとることになっていたマッカーサーが、まだ正午には時間があるからと、ホテルの犬丸徹三《いぬまるてつぞう》社長に命じ、参謀長のサザーランド中将と二人だけで、東京見物の案内をさせた、というのである。そして四十分後に、ふたたび帝国ホテルへ戻ってきた。

緒方をはじめ、政府や宮中グループに、このことは実に興味しんしんたる話題を提供することになった。マッカーサーの関心がどこにあるのか、わずかの時間であるだけに、いっそう明確に突出してくるのではないか。

電話での犬丸の報告は詳細をきわめた。丸の内から三越にかけての銀座街にまず案内し、そこから東大へ向かい、さらに後楽園球場へ。ここでマッカーサーが「何人入るのか」と訊《き》くのに、犬丸が「十万人」と思わずいってしまった。すると、マッカーサーとサザーランドが私語しはじめた。

「どこそこ球場は四万五千だ」「どこそこは五万人だ」「十万人とは何とすごいじゃないか」と。でまかせをいった犬丸は、背中に汗をびっしょりかいてしまった。

「それから神田の古本屋街から、宮城《きゅうじょう》前へ」と、犬丸の説明はつづく。

「宮城前で余計な説明をすまい、黙っていようと思っていたら、アチラさんもまったく知らん顔でした。そのまま通りすぎ、お堀を右へ曲がって三宅坂へ。参謀本部の焼け跡の前に出たが、ここでも知らん顔。お堀端でカモが日向ぼっこしていたので、〝こういう静かな景色を、日本人は大変に愛している〟とやったら、〝いや、日本人ばかりじゃない。われわれもこうした平和がいちばん好きなのだ〟と元帥は一言。そして興味深そうにお堀を眺めていましたな」

しかし、犬丸の説明をまつまでもなく、マッカーサーは東京についてかなりくわしい知識をもっていた。丸善のことも知っていたし、山県有朋《やまがたありとも》の銅像の前を通ったとき、「あれが歩兵操典の山県だろう」と問うている。旧ドイツ大使館の焼け跡を見て「ファイン・ジョッブ！」（うまくやった）と、爆撃の正確さを喜んだりしているのである。

「それで、結論として、マッカーサーとはどんな男、という印象をうけたか」

と受話器の向こう側で尋ねる緒方に、犬丸はあっさりと答えた。

「簡単にいうと、私のうけた印象では、マッカーサーは単なる兵隊じゃあない。あれは政治家ですよ。しかもすぐれた……」

長年ホテル経営の責任者として、人をみる眼では卓越している男の言である。

しかもその男が、軍人というより政治家である、と指摘する。ということは、話し合いの、あるいは裏工作の、かなり可能な余地を残していることを意味しようか。しかしそのいっぽうで、宮城を眺めながら一言の感想もなく、それを無視していたという犬丸の観察が、指導層の胸につかえる気がかりをいっそう重いものにするのである。

2. 国民を助けてほしい

※使者としての吉田と藤田

九月十七日、連合国軍総司令部（ＧＨＱ）は、丸の内の第一生命ビルに居を構え、本格的な占領行政がはじまった。マッカーサーはたった四十分間の東京見物以後、日本各地はおろか東京そのものをもはや一顧だにすることなく、宿舎のアメリカ大使館から第一生命ビルへの往復を、ハンで捺したような日常とした。日本人の指導者に会うことも最小限に限った。まさに神秘のヴェールの奥に鎮座する〝絶対君主〟となった。

堀をへだてて宮城の前にひるがえる星条旗を、戦後日本の指導者は複雑な気持で眺めた。この無言の帝王の口から、天皇制廃止の動きが打ちだされるのではないか、あるいは戦争責任問題から退位がいいだされるのではないか、……天皇側近の人びとは息づまる思いで星条旗を毎日のように見つめていた。

そしてこの複雑な思いは――ポツダム宣言で、天皇の統治権はマッカーサーの権力の制限下《サブジェクト・トゥ》におかれると規定されている、ならば、天皇がまず占領軍の最高司令官を訪問するのが礼儀というものであろう、と、政府も宮中グループも期せずして、同じような考え方にたどりついていった。

だが、マッカーサーがはたしてその訪問をうけいれるかどうか。

さまざまな角度から検討したが、はっきりとした結論は出ない。出るはずはない。そこから「とりあえず総司令部の意向をそれとなく探ってみようではないか」ということになる。政府は外相吉田茂を打診のための使者に選んだ。一方、宮中グループは、侍従長藤田尚徳《ふじたひさのり》が天皇の使者ということで、いちどマッカーサーを総司令部に訪問してみたほうがよかろう、と決めた。

それは九月二十日のことであった、という。久しぶりにモーニングとシルクハットという礼服で威儀《いぎ》を正した藤田が、約束どおりGHQを訪ねると、来客中だとしばし待たされてしまった。いやしくも天皇陛下の使者を待たせるとは、と少しムッとした藤田の前のエレベーターの扉があいた。そしてなかから外相の吉田が出てきたではないか。吉田は藤田に気づかず、深く何かを考えこみながら前を通りすぎていった。

藤田は、開襟シャツ、コーンパイプのマッカーサーのもとへ案内された。かれは気軽なうちにも礼儀正しく藤田を迎え、「アドミラル・フジタ」とさえ呼んだ。侍従長の前歴が海軍大将、アドミラルそのもの。軍人同士の親しみをマッカーサーは示したのである。藤田は、これは天皇のお言葉である、と前置きして、

「元帥は開戦いらい、ほうぼうの戦場で戦われ、日本へ進駐されたが、ご健康はどうであろうか。日本の残暑はきびしいので、十分に健康にご注意ありたい」

といった。たいして元帥が答えた。

「私のことで種々ご心配くださって感謝にたえない。どうか陛下にくれぐれもよろしくお伝え願いたい」

いんぎんな元帥の言葉に、藤田は、これなら天皇が訪ねても大丈夫だな、との感触をはっきりと得た。

宮内省に戻った藤田を待っていたかのように、吉田からの電話が追いかけてかかってきた。気づかず失礼したことを詫び、

「実は今日、マ元帥に会って、もし天皇陛下が元帥を訪問したいといわれたら、どうなさるか、と単刀直入に質問したところ、喜んで歓迎申しあげる、との返事なので、この会見をどういう風に実現したらよいかと、考え考えエレベーターにのっていたものですから……」

と、吉田はいった。

歴史とは、このように偶然というものを用意するものなのであろうか。政府筋も宮中グループも、天皇のマッカーサー訪問というシナリオを、このときから協

力して完成させねばならないことになった。

「どうか侍従長におかれても、この会見問題を、至急にご研究願いたい」

と吉田はいって、電話を切った。

そしてより興味深いことは、東京進駐後のマッカーサーその人も、天皇の訪問がそろそろあるのではないかと、ひそかに待ちのぞんでいた気配がある。といってマッカーサーはその『回想記』に「私の幕僚たちは権力を示すため、天皇を総司令部に招き寄せてはどうかと、私に強くすすめた」と書き残しているが、はじめからかれにはその気はない。アジアを知り、日本を知ること米国一を自負するマッカーサーは、「そんなことをすれば、日本国民の国民感情をふみにじり、天皇を国民の目に殉教者に仕立てあげることになる」と洞察していたからである。

そこで、のちガンサーに語ったように、

「自分が天皇を呼びつける非礼をおかさなくとも、天皇自身が、最高司令官という新しい権力者が、いったいどんなものであろうか知ろうとする好奇心をおさえかね、自分をきっと見に来るだろう」

と、マッカーサーはその日の一日も早く来るのを期待していたのである。

九月二十四日夕、吉田がふたたびGHQを訪ね、天皇訪問のお膳立てのすべてをととのえる。マッカーサーの副官の一人、パワーズ少佐は書いている。

「われわれは、天皇がマッカーサーに会いたいというメッセージをうけとって、皆大いに喜びすごく興奮した。そのメッセージには、もし第一生命ビルへ行くとしたら余計な注目をひくことになろうから、アメリカ大使館へ訪問することは可能であろうか、とあった。マッカーサーは、もちろんだ、と答えた」

これによると「アメリカ大使館で会見」というのは、これまでの説と違って、日本側の意向ということになるのであるが……。

❖マッカーサー訪問

九月二十七日午前十時、天皇はアメリカ大使館に〝青い眼の大君〟マッカーサーを訪ねた。天皇はモーニングの礼装であったが、マッカーサーは略式の軍服で、ネクタイもしめていなかった。会談は約四十分間におよんだ。

しかし、この会談の内容は公表されていない。さまざまな形で、どんな話が交わされたかがわずかに洩れてくるが、それとても日本側とアメリカ側のいうことでは、大分食い違いがある。

「私は丁重に出迎え、日露戦争終結のさい、私は一度天皇の父君に拝謁したことがあるという思い出話をしてさしあげた」

とマッカーサーの『回想記』はいうが、通訳として立ち会った当時の外務省情報部長・奥村勝蔵《おくむらかつぞう》によれば、

「初めの挨拶が一応すむと、元帥の語調がサッと変わり、演説めいた調子で滔々《とうとう》とやりだした。それは主として戦争と平和についての元帥の所信といったものだった」

という。しかも、

「演説口調の合の手に、私に向かって厳然と『テル・ザ・エンペラー』（天皇に告げよ）といった言葉が、鋭く私の耳に響いた」

そんな具合ではじまったのである。

ただ一つ確かなことは、天皇とマッカーサーは、会談の内容について今後ともいっさい外に洩らさないことを約したということ。戦後もしばらくのちの、新聞記者との会見での天皇の言葉がそのことを証している。

「マッカーサー司令官と当時、内容は外に洩らさないと約束しました。男子の一《いち》言《ごん》でもあり、世界に信頼を失うことにもなるので話せません」

ということで、天皇は、いらい側近にも、このことについてはまったく話してはいない。内容が洩れてくるのは、マッカーサーのほうからばかりである。だから元帥はのちに大いに歎いていったという。

「陛下はウソのつけない正直な人だ」と。

――となれば、ここではいくつかのアメリカ側の一方的な証言をあげて、天皇・マッカーサー会談の内容については、できるかぎりの範囲で類推するほかはないのである。

まずマッカーサーの『回想記』から。

「……私は天皇が、戦争犯罪者として起訴されないよう、自分の立場を訴えはじめるのではないか、という不安を感じた。……しかし、この私の不安は根拠のないものだった。天皇の口から出たのは、次のような言葉だった。／『私は、国民が戦争遂行にあたって政治、軍事両面で行なったすべての決定と行動に対する全責任を負う者として、私自身をあなたの代表する諸国の裁決にゆだねるためおたずねした』／私は大きい感動にゆさぶられた。死をともなうほどの責任、それも私の知り尽している諸事実に照らして、明らかに天皇に帰すべきではない責任を引受けようとする、この勇気に満ちた態度は、私の骨のズイまでもゆり動かした」

これがガンサーに語ったマッカーサーの言葉となると、こう変わる。

「この第一回の会見で、天皇はこんどの戦争に遺憾の意を表し、自分はこれを防止したいと思ったのだといった。するとマッカーサーは、相手の顔をじっと見つめながら、もしそれがほんとうだとするならば、なぜその希望を実行に移すことができなかったのか、とたずねた。これにたいする裕仁の答えは、大体次のようなものだったそうだ。『わたしの国民はわたしが非常に好きである。わたしを好いているからこそ、もしわたしが戦争に反対したり、平和の努力をやったりしたならば、国民はわたしをきっと精神病院かなにかにいれて、戦争が終るまでそこに押しこめておいたにちがいない。また国民がわたしを愛していなかったならば、かれらは簡単にわたしの首をちょんぎったでしょう』」（『マッカーサーの謎』）

精神病院に入れるとか、首を切るとか、このような驚くべきことを、本当に天皇がいったのであろうか。ガンサーの創作でなければ、マッカーサーのホラ話か。いずれにしても、芥川龍之介の小説『藪の中』をなぜか思わせるような発言ではある。

❖「絞首刑にしてもかまわない」

さらにつづける――会談から一カ月後の十月二十七日に、ＧＨＱの政治顧問ジョージ・アチソンが、国務省にあてた極秘電報が残されている。内容は、アチソンにマッカーサーが語ったという天皇の発言である。

「天皇は握手が終わると、開戦通告の前に真珠湾を攻撃したのは、まったく自分の意図ではなく、東条（英機首相）のトリックにかけられたからである。しかし、それがゆえに責任を回避しようとするつもりはない。天皇は、日本国民の指導者《リーダー》として、臣民のとったあらゆる行動に責任を持つつもりだ、と述べた」

これも実に奇ッ怪な内容（真珠湾攻撃のくだり）というほかはないものであるが、少なくとも後段で、天皇が戦争責任をひきうける決意を表明したことは、明瞭によみとれる。

さらにこれが、マッカーサーがあるアメリカ婦人に語ったものとなると、つぎのように変化する。

「天皇のほうが訪ねてきたのだから、マッカーサーとしては、別に天皇にいうことはなかった。しかし、いったい何を話しに来たのだろうかと、非常に興味をもった。……戦争が終わってよかったという挨拶の後で、天皇はこういった。自分はどうなってもいいが、国民を食わせてやってくれ、と」

この婦人とは同志社大学の教授となったひとで、敗戦の翌年から一年滞在し、帰国のときにはマッカーサーと一時間も「水いらずの話し合い」をした。のちに日本問題の専門家となったオーティス・ケーリの叔母にあたる。オーティス・ケーリは、その著『日本開眼』でこれを紹介したのち、

「どんな日本人でも、まさか天皇に向って、『わたしはどうなってもいい』といってきなさいとは、いえるわけがなかった。これは天皇がみずから考えたことに違いない」

と解説を加えている。

さらにもう一つ、つい最近まで発表されることもなく深く筐底《きょうてい》にしまわれていた証言がある。終戦後の四年間にわたって皇太子の家庭教師をつとめたエリザベス・ヴァイニング夫人の日記である。夫人はマッカーサーのお気に入りのひとりであり、GHQから要人待遇の特典をうけ、夫人が会見をのぞんだときはマッカーサーは万難を排して時間をさいている。

全文ではなく「東京新聞」が一部を明らかにしただけであるが、日記にある元帥と夫人の会談は、実に多岐にわたっている。夫人の皇室に関する情報を、明らかにマッカーサーは占領政策に反映させていたことも、日記からうかがうことが

できる、という。それだけにマッカーサーのほうからも、極秘情報をそれとなく夫人に洩らし、サービスにこれつとめている。そしてこの場合、天皇との初会見の模様が、最高の極秘情報であったことは、いうまでもない。

ヴァイニング夫人は十二月七日の項で、マッカーサーが語ったという会談の〝一問一答〟をこう記述した（わかりやすく書くと）。

元帥　戦争責任をおとりになるか。

天皇　その質問に答える前に、私のほうから話をしたい。

元帥　どうぞ。お話しなさい。

天皇　あなたが私をどのようにしようともかまわない。私はそれを受け入れる。私を絞首刑にしてもかまわない。

――原文では、You may hang me. と記載されているという。

天皇　（つづけて）しかし、私は戦争を望んだことはなかった。なぜならば、私は戦争に勝てるとは思わなかったからだ。私は軍部に不信感をもっていた。そして私は戦争にならないようにできる限りのことをした。（以下略）

このように、さまざまな形でリークされたアメリカ側からだけの第一回会談をみると、ここでいえることは、天皇が戦争責任をひきうける決意を表明した、という一点につきるようである。このことは、それより前の八月二十九日に、天皇が木戸内大臣に語った言葉と首尾一貫している。

「戦争責任者を連合国に引き渡すのは真に苦痛にして忍び難きところなるが、自分がひとりひきうけて、退位でもして納めるわけにはいかないだろうか」

あるいはまた、九月十二日に東久邇宮首相が、連合国の追及に先立って戦争犯罪人を日本側で自主的に処罰する方針を奏上すると、天皇は即座に反対して撤回させている事実とも、ぴたりと照合するのである。

そして、文字どおりに一身を犠牲にして責任を負う覚悟で会見にのぞんだ天皇に、マッカーサーが心をゆり動かされたことも、また確かのように思われる。会見を終え、宮城へ帰る天皇を見送ったあと、かれは副官のパワーズにいった。

「わたしは生まれながらの民主主義者だし、自由主義者として育てられた人間だ。しかし、これほど高位の、そしてすべての権威をもった人物が、いまこのように低いところにおろされてしまったのを見ると、なんとも痛々しい」と。

❖マッカーサーの巧みな戦術

しかし、それでもなおマッカーサーは、天皇訪問の間じゅう、一度も答礼をしなかった。答礼をすることで、日本人の眼に、最高司令官が天皇と同等の権力者であるように映ることを、かれは拒否したのである。

そのことはまた、二十九日付朝刊の新聞トップに発表された会見写真が、雄弁に物語っていた。日本政府と宮内省は苦慮したあげく、天皇がマッカーサーを訪問した事実だけを、ほんの二、三行の簡単な文句で発表しただけで、あとは知らぬ顔をきめこんでいた直後だけに狼狽した。政府はあわてて朝毎読《ちようまいよみ》の三大紙にたいし発売禁止の処分を通達した。ＧＨＱはこの処置にカンカンとなった。〝ただちに発表せよ〟〝しかし与える影響が大きすぎる〟などのやりとりがあったが、ＧＨＱは関係者をどなりつけた。

「勝者と敗者の間に〝交渉〟はありえない」

明らかにマッカーサーにとって、天皇との会見は、はじめはあくまで〝儀式〟であった。すなわち、天皇にたいして精神的な優越を確保し、支配の構造を示すことにあった。そして日本国民には、古い伝統を断ち切って、望ましいショックを与える。ただし、天皇の威厳にそれ相当の敬意をはらうことで、不遜とか無礼あるいは勝者の驕慢《きようまん》を匂わすような印象を、できるだけ与えまいと配慮しながら。ネクタイなしの開襟シャツは、単なる気まぐれではなく、いわばマッカーサーの占領政策の毅然とした表現であった。儀式のための装いであった。天皇が「神聖にして侵すべからざるもの」であることは断じて認めない、しかし、その権威は利用する。

そのために個人的な屈辱を与えることなく、敬意ははらうのである。日本国民の多くは、だから新聞に載った写真を見て、これを屈辱としてではなく、敗戦という最悪の事態から生じたものとして、〝このくらいのことは〟と、きわめて容易にうけいれた。「ウヌ！　マッカーサーの野郎」と日記に痛憤を記す斎藤茂吉《さいとうもきち》のような人もいたが、多くの日本人は「むつまじくマッカーサーと並み立たす一天万乗《いってんばんじょう》の君ををろがむ」と歌う児島芳子《こじまよしこ》と、ほぼ同じような平常な気持で、写真をただ眺めたのであった。

その意味でも、天皇の権威は削減しても、その統治力だけは利用しよう、というマッカーサーの戦術は、図に当たったことになる。儀式は見事に結実し完成したのである。

しかも、この儀式がアメリカ本国に与えるであろう影響までを考えていた、としたら、マッカーサーという軍人が稀代《きたい》のジャーナリスト、いやアジテイターの一面をもつと、あらためて見直さなくてはならない。というのも、天皇のマッカーサー訪問の記事と、この写真のアメリカでの扱い方は、嘲笑的で、アメリカ人好みの諷刺と偶像破壊に満ち満ちたものであったからである。

たとえば写真雑誌「ライフ」の十月二十二日号である。この会見写真が載った反対のページには、九年ぶりに帰国して、女王に会った前イギリス国王のウィンザー公の写真が飾られている。そして皮肉な大見出しがつけられた。

辛辣なゴロ合わせを訳せば「前の神様、下界に降り、前の王様、古里に帰る」ということになろうか。この「ライフ」の発行部数は当時四百五十万部。戦中の世論調査にもあったアメリカ国民がいだく「天皇の神格性」を打ちくだくような、それは字義どおり激烈な巨弾となった。

だが、こうした六十五歳のマッカーサーの戦術にたいして、四十四歳の天皇は決してなすがままにされていたわけではなかった。この「世紀の会談」の間、その部屋に出入りできたただひとりの日本人がいた。船山貞吉《ふなやまさだきち》といい、大使公邸の責任者として、永年駐日アメリカ大使に仕え、その時点でもマッカーサーの一家の世話をしている老人である。

かれは黒紋付に羽織袴、白足袋といういでたちで、煖炉《だんろ》にくべる薪を盆にのせてうやうやしく運んだり、コーヒーのサービスもした。そして会談終了後、船山がたしかにその目で見たものは、位置も中味も元のままという天皇のコーヒーカップであった。

驚くべきことに、天皇はコーヒーに口をつけなかったのである。もてなされたものに手をつけないとは、礼を失したことになる。天皇はそれを承知しぬいている。にもかかわらず、あえて手をつけなかった。敗者とはいえ、わが道をゆく毅然たる態度をそこに示したのであろう。

緊張しすぎたため、あるいは毒殺の懸念、あるいは渇しても盗泉《とうせん》の水は飲まぬ王者の矜持《きようじ》……さまざまな解釈は可能である。そんな下司《げす》の勘ぐりをあれこれするより、つぎの事実のほうがよほど楽しいエピソードとはいえまいか。

マッカーサーの心証は、このことで大いに害されてしまったのである。それ以後、解任されて帰国するまで、天皇とは十一回の会談をもつことになったが、マッカーサーはついに水一杯の供応もすることがなかった。そして天皇が帰ったあと、大あわてで薄めのコーヒーをいれさせ、マッカーサーは大きな鼻を近づけて香りを愛《め》で、それからしみじみと味わうのを常としたという……。

生まれついての帝王を相手の、意地の張りくらべに〝青い眼の大君〟もさすがに疲れを感じざるを得なかったのである。

3. 計十一回の会談

❖好感と個人的信頼

天皇にとって、この初の米大使館訪問は八月十五日の終戦の詔勅に表現したことの実践であったであろう。「時運の趨《おもむ》く所、堪え難きを堪え、忍び難きを忍び、以《もっ》て万世の為に太平を開かんと欲す」、まさにそれである。天皇は、結果的にはすべての日本人にたいして、戦争中の激情を忘れ去って、たとえ望ましくないにしても現状をあるがままにうけいれるのが、日本のためになると身をもって示したのである。それも卑屈ではなく見事な平常心をもって……。

そしてそれが絶対の権力をもつマッカーサーの心を打つという予期せぬ効果をうんだ。近づきがたいほどの権威主義者で、芝居気たっぷりの軍人であるがゆえに、その言動のすべてを、かりに信じられないこととしても、また占領目的の達成に利用できるという打算があったとしても、かれが天皇にたいして大いなる好感と個人的信頼をもったことは少なくとも否めない事実なのである。

マッカーサーはある友人に語ったという。

「私は天皇をもっと手きびしく扱うつもりであったが、しかしそれには及ばなかった。天皇は誠実な人であり、真の自由主義者である」と。

そしてとどのつまりは——昭和二十五年（一九五〇年）という〝マッカーサーの日本〟も終わりに近いころ訪日し、天皇にもマッカーサーにも直接インタビューしたジョン・ガンサーが書くように、天皇が「マッカーサーを心から尊敬しており、元帥は偉大な、画期的事業をやったと見ている」のであれば、一方のマッカーサーもついに「天皇を自分の息子であるかのように応対する」親密さを示しつづけるようになっていたのである。そしてこの名コンビ（？）の関係が、日本占領そのものをスムーズに運ばせた大きな要因になった、と考えていいのではないか。それはまた、マッカーサーその人が認めていることでもある。

「天皇は日本の精神的復活に大きい役割を演じ、占領の成功は天皇の誠実な協力と影響力に負うところがきわめて大きかった」(『回想記』)

考えてみれば、天皇その人は、摂政の時代から三十年近い疾風怒濤の時代をくぐりぬけてきた老練な経世家であるといえる。辞職の自由のない天皇は、内政・外交・軍事のあらゆる問題に直面し、正確な情勢判断を下してきていたのである。敗戦となって、老臣や古くからの側近が去り、助言者がほとんどいなくなった天皇は、みずからが体当たりで、その人間性だけを武器に、勝者の最高司令官とぶつからねばならなかった。

そして、これを受けとめる戦勝国の将軍が「神とおのれの良心と理想」にしたがって生き、かぎりなく人間の高貴性を尊ぶ男であったこと。かれはまた、決して勝者にこびない天皇の聡明さとその尊厳に、心から敬意をはらえる男でもあった。はたして、歴史の皮肉という言葉を、こんなとき使っていいのであろうか。

そして結果的に、占領中に十一回におよんだ天皇・マッカーサー会談は、たがいの世界情勢認識と、過去に蓄積された政治技術を生かしての、トップ交渉(いまでいうサミット)となった。それはまた、すでにはじまっていた戦後の米ソ

〝冷戦〟を予見しつつ、民主主義国家としての日本再建にあたる、いわば〝共同指導者〟の意識のもとに結ばれた会談でもあったのである。

しかし、すでに書いたように、一対一の会談記録は門外不出の極秘文書として、日米両国ともいっさい公表しようとはしない。ただ十一回の会見が、ほぼ半カ年ごとに、しかも国政上重大な出来事があった場の前後に設定されているところからみて、かなり突っこんだ政治的話し合いが行われたものと推定できるだけである。男の約束とはいえ、何とも歯がゆいことである。

最後に、それを知る手がかりとして、「産経新聞」が発掘した第三回会談（昭和二十一年十月十六日）の記録を一部だけ引用することにしたい。会談が親密であり、和やかでありながら、かなり微妙な問題にもふれていることが、おのずと浮かび上がってくる……。

❖「プリーズ・コマンド・ミー」

天皇　今回憲法が成立し、民主的新日本建設の基礎が確立せられたことは、喜びにたえない所であります。この憲法成立にさいし貴将軍において一方《ひとかた》ならぬご指導を与えられたことに感謝いたします。

元帥　陛下のお蔭にて憲法は出来上がったのであります（微笑しながら）。陛下なくんば憲法もなかったでありましょう。

天皇　戦争放棄の大理想を掲げた新憲法に日本はどこまでも忠実でありましょう。しかし、世界の国際情勢を注視しますと、この理想よりはいまだに遠いようであります。その国際情勢の下に、戦争放棄を決意実現する日本を、危険にさらさせることのないような世界の到来を、一日も早く見られるように念願せずにおられません。

元帥　……戦争はもはや不可能であります。戦争をなくするには、戦争を放棄する以外には方法はありませぬ。それを日本が実行されました。五十年後において（私は予言いたします）日本が道徳的に勇敢かつ賢明であったことが立証されましょう。百年後に、日本は世界の道徳的指導者となったことが悟られるでしょう。世界も米国もいまだに日本にたいして復讐的気分が濃厚でありますから、この憲法もうくべき賞讃をうけないのでありますが、すべては歴史が証明するでありましょう。

天皇　巡幸は私の強く希望するものであることは、ご承知のとおりでありますが、憲法成立まではとくに差しひかえていたのでありますが、当分差しひかえたほうがいいというものもあります。貴将軍はどうお考えになりますか。

元帥　機会あるごとにお出かけになったほうがよろしいと存じます。回数は多いほどよいと存じます。日本を完全に破壊せんとするロシアや、豪州は、ご巡幸に反対しておりますが、米国も英国も、陛下が民衆の中に入られるのを歓迎いたしております。司令部に関するかぎり、陛下は何事をもなしうる自由をもっておられるのであります。何事であれ、私にご用命願います。

――この最後の、誇り高きマッカーサーがいったという言葉“Please Command Me”が、まことに印象的に響くではないか。

第三話

十一回の会談・秘話

昭和21年5月3日、東京裁判が始まった。
法廷内の関係者は全員が起立して
起訴状の朗読を聞く。*

〈お断り〉これは天皇・マッカーサー会談について、二〇〇六年（平成十八年）五月に、紀伊國屋ホールで長々と講演したものをもとに作成した作品である。実は、すでに平凡社ライブラリーの『昭和史 戦後篇1945－1989』に付録として収録し、多くの読者の眼にふれている。それをまたここに収載することは二番煎じもいいところになるが、『昭和天皇実録』にも実はこの十一回の会談の内容についてはくわしくは記されていない。マッカーサーを主題にした本書に、精一杯の努力をして十一回の会談を調べあげたものがあるのに、それをオミットするのはせっかく本書を買っていただいた読者に礼を失することになるのではないか。そう思い直してPHP研究所の編集者と相談して、あえてもういっぺん載せることにした。今後何年後、あるいは何十年後かにはもっと正確な資料にもとづく訂正がなされるかもしれないが、現在のところでは、これがいちばんまとまった記録であるとの自負があるので、ご了承いただきたい。

❖マッカーサーの感動

半藤でございます。今日は『昭和史　戦後篇』の出版を記念するという形ですので、それに関することをお話しいたします。

『戦後篇』をお読みになっていただいた方はご存じでしょうが、昭和天皇とマッカーサーが昭和二十年（一九四五年）、敗戦直後の九月に会談をした第一回目のことはかなり丁寧に語ったわけです。九月二十七日、天皇がお忍びでアメリカ大使館にマッカーサーを自ら訪ね、そのときの天皇のお言葉にマッカーサーがえらく感動して、はじめは非常に横柄で出迎えもしなかったんですが、帰るときは玄関口まで送ってきて丁寧にお辞儀をして「またお会いしましょう」と言ったというような話をしたんです。

『戦後篇』でもふれていますが、このときはお忍びですので、交通規制をしなかったんですね。いつもの天皇の車と侍従が乗った車とで行ったら、途中で信号に引っかかった。信号が赤になった瞬間に車がとまると、そこへ、いまはありませんけれども都電が走ってきて、天皇の車の隣にとまったんです。都電の中にいたおばさんがじっと外を見ていると、どうも似ている方がいらっしゃる。当時の天皇の車の運転手さんに話を聞きますと、天皇がどうしているかと思ってバックミラーで見ていたら、黙って前を向いていたそうですが、目はきょろきょろしていたというような話をしていました。都電のおばさんが天皇陛下だとわかって、これはとばかりに丁寧に最敬礼したなんて話もしました。

そして、天皇がはじめてマッカーサーに会ったとき、戦争の全責任は私にあると言ったという話になるわけです。マッカーサーの回顧録が朝日新聞から出ていて、半分以上自慢話なのであまり当てにならないところがあるんですが、でもこのくだりは当てになるんじゃないかと思うんです。「私は、国民が戦争遂行にあたって政治・軍事両面で行なったすべての決定と行動にたいする全責任を負うものとして、私自身をあなたの代表する連合国の裁決にゆだねるためにおたずねしました」と天皇が言ったと。マッカーサーははじめ、天皇が許しを請うとか命を助けてくれとかいうことを頼みに来たのであろうと思っていたら、そんなことは

昭和天皇・マッカーサー会談

	期日（昭和）	場所	通訳	テーマ
①	20年９月27日	米大使館	奥村勝蔵	天皇の戦争責任……
②	21年５月31日	米大使館	寺崎英成	食糧援助、東京裁判
③	21年10月16日	米大使館	寺崎英成	食糧援助、憲法９条、地方巡幸……
④	22年５月６日	米大使館	奥村勝蔵	新憲法下での選挙、日本の安全保障、日本経済の現状……
⑤	22年11月14日	米大使館	寺崎英成	沖縄問題
⑥	23年５月６日	米大使館	ＧＨＱ	
⑦	24年１月10日	米大使館	ＧＨＱ	
⑧	24年７月８日	米大使館	松井明	国内の治安……
⑨	24年11月26日	米大使館	松井明	講和問題、シベリア抑留、ソ連の原爆開発……
⑩	25年４月18日	米大使館	松井明	共産圏の脅威？
⑪	26年４月15日	米大使館	松井明	儀礼的（お別れ）

一切言わずにこう話した、それで大そう感動したというふうに回顧録には書かれている。このときのマッカーサーの感動といいますか、昭和天皇に対する尊敬の念が、その後の日本占領政策の上にものすごく大きな影響を与えたということを『戦後篇』ではしゃべったのです。

ところが最近、といっても平成十四年（二〇〇二年）十月十七日、外務省がそのときの通訳の奥村勝蔵が残した公式メモの記録を出しました。奥村さんというのは、戦争が始まる前にワシントンの日本大使館におりまして、アメリカに手渡す最後通牒というべき文書を、下手な、といったら悪いですが、上手ではないから下手だったと思いますが、タイプでポツンポツンと打って、それが間に合わなくて開戦通告が遅れたときの、そのタイプを打った外交官です。戦後、大磯に住んでおりまして、私は二度会いました。薔薇をきれいに栽培しているいいお宅に住んでいましたが、開戦通告の遅延のことに関しては語りたくないと言って一切話されませんでした。

それはともかく合計十一回行なわれた昭和天皇・マッカーサー会談（前ページ表参照）のうち、第一回と第四回で奥村さんが通訳をしている。会談の内容については一切外へ出さないというのが昭和天皇とマッカーサーの男の約束でしたが、四回目のときに、奥村さんが内容を少しばかりすっぱ抜いたんです。それでマッカーサーがかんかんに怒りまして、こういうやつは直ちに罷免だといってクビになりました。そのときの話は、奥村さんは実に丁寧にしゃべってくれました。これは後でお話しします。こっちの件は自分でもいいことをしたと思ってかなり自信があったのか、話されたのですが、真珠湾のほうはいいことをしたと思わなかったのかどうか知りませんが、一切語りたくないと。もうお亡くなりになりましたが。

いずれにしろ、第一回の会談のときに奥村さんが残したメモには、天皇が「私が全責任を負います」などとは一切言ってないと書いてあって、それを外務省が発表し、各新聞が大きく扱ったのです。私も毎日と朝日と読売からどういうふうに思うかと談話を求められまして、三つの新聞に「同じ談話では悪いのか」と聞いたら「悪い」と言うから、いくらかは良心が——大してないんですけれども——働いて少しずつ変えましたが。

その当時は、いわゆる東京裁判が、もちろんまだ始まっておりませんが話題になっているころで、軍事法廷となると戦争犯罪人を処刑することは明白です。天皇がその裁判にかけられるかかけられないか、被告になるかならないかは非常に微妙な問題でした。ですからこの時期に天皇が「私に戦争の全責任がある」などと発表してそれが連合国諸国に漏れたら、たとえばソ連、豪州、オランダなどでは天皇を絞首刑にせよと言わんばかりの論説がわーっと広がっているころですから大変なことになるじゃねえかというので、奥村さんは多分隠したのであろう、そこは承知して削ったに違いないと、私は新聞の談話でしゃべったんです。が、証拠は何にもなかったんです。証拠がなくたってこういうのは歴史探偵の勘でございまして、間違いないと思っていたんですが、実はその証拠らしいものが出てきたのです。

十一回に及ぶ会談の最後のほうで、松井明《まついあきら》さんという方が通訳として非常に活躍されました。この方も残念ながら平成六年（一九九四年）に八十六歳でお亡くなりになりまして、もう一人の通訳、寺崎英成《てらさきひでなり》さんも亡くなっておりますから、いまはもう会談についての日本人証言者はいません。その松井さんが天皇の通訳としてマッカーサーとの会談に立ち会ったことをお書きになり、それを「松井手記」としてどうしても出版したいと強く希望された。しかし内容が内容ですから、勝手にやるわけにいかない、出版社のほうも天皇陛下に関することですからあっさりとは出せない、そこで宮内庁へ持っていって意向を聞いたんです。

ところで、昭和天皇の侍従長だった入江相政《いりえすけまさ》という方の『入江相政日記』という膨大なものが出ておりまして、これは中身はそれほどおもしろくありません。とんと役に立たなくて、粋人あるいは人生を上のほうで歩いた人というのは資料的にはあまり役に立たないことを日記に書くんだなという証拠みたいな日記なんですけれども、それでもよく読むと、ところどころにすばらしいことを書いているのがわかります。宮城《きゆうじよう》の内部の話で、だれとだれがけんかした、たとえば天皇陛下と皇后陛下だとか、皇后陛下と侍従長がけんかしたとかも書いてあるんです。そういう意味では非常におもしろいところはあるんです。

この入江さんの一九八一年十月二日の日記に、「松井明君がマッカーサー及びリッジウェイ（マッカーサーがクビになった後の軍司令官です）の御通訳の顛末を出版したいとのこと。とんでもないこと。コピーを渡される」とあり、それで松井さんが昭和五十五年（一九八〇年）に回想録を書き上げて、宮内庁に翌年そのコピーを届けたことがわかるわけです。

宮内庁では大いにもめました。入江さんは猛反対だと書いてありますが、また十月二十二日の日記、つまり約二十日たった後の日記になりますと、「十一時前長官来室（前の宮内庁長官が来た）。この間からの懸案の松井明君の通訳の記録の出版、侍従長、侍従次長、官長（書記官長）すべて反対と告げ、思いとどまってもらった由。そして侍従長の秘庫（秘密の金庫ですね）に入れておいてくれとのこと」とあります。つまり松井さんの手記の出版はまかりならんというので、侍従長の金庫があるんでしょう、そこに入れて門外不出にしてしまった。このため、残念ながら世に出ないことになったのです。

ところが日本では出なくても、よその国だと出るんだそうです。これが出版界のすばらしいところで、自分のところだけ抑えておけば大丈夫かと思ったらとんでもない話で、フランス語訳の松井明著『天皇の通訳』という本が出ているんだそうです、人から聞いた話ですが。これからお話しする十一回の会談の内容も主にフランス語訳の松井さんの手記に基づいています。

それによりますと、第一回目の会談のとき、奥村さんは確かにメモを消した、そして実はこれこれこういうわけで消したと理由を述べていたそうです。その理由が、「あまりの重大さを考慮し、記録から削除した」と。要するにそのころの世界の輿論《よろん》の動きなどを配慮して削っておいたほうがいいと判断した。しかも「その（天皇が全責任は私にあると言った）発言は、元帥が滔々と戦争哲学を語った直後に述べられた」とあるんですね。ということは、マッカーサーがものすごく長い大演説をぶった後に天皇陛下がはっきりと言われた、奥村さんもそれを承知したうえで、しかしながら諸般の事情を考えると発表するのはまずいというので削除した。奥村さんがそう言っていたと松井さんの手記には書かれているんです。

この問題に関しては、現在でも昭和天皇にははじめから責任なんかないのだからそんなことを言うはずはないという人から、あの方はそんな下々のことは考えない方だから責任がどうのなんて言うはずはないという、右と左と両方からの勝手な推量による発言が絶えないようです。が、事実、昭和天皇はマッカーサーにはっきり、政治的・軍事的なことで、日本人がやったすべてのことに対して全責任は私にあると言ったというふうに考えて間違いないのではないか、と私は思うわけです。

さて、これからいよいよ松井さんの手記などに基づいて以下をお話しするんですが、じつは『昭和史　戦後篇』では二回目以降のことはふれていません。したがいまして、ここにおいでにならないであの本を買った方には、まことに申しわけないことでございますが、あとの十回はいったいどこに行ってしまったんだろうということになる。ま、どうかお許しいただきたいと。おいでになっている皆さんに謝ってもしようがないんですが、いずれ通じるときもあると思いますので、お詫びした次第です。

◈歴史を知るおもしろみ

ところで、このことは実は私だけではなくてすでに何人かの方が研究しております。昭和五十年（一九七五年）八月十五日付サンケイ新聞と平成十四年（二〇〇二年）八月五日付朝日新聞で、ともにでっかく松井日記、あるいは天皇とマッカーサーの会談をめぐっての大特集が掲載されています。今日はそれをもう少し詳しくお話ししますが、もしさらにお調べになりたければ両新聞をお読みになるとよろしいかと思います。

もうひとついえば、国会図書館の中に元総理大臣・幣原喜重郎の記念館というのか、幣原平和文庫という図書館みたいのがありまして、そこに寺崎英成さんの手記が残されています。私も見ましたが、なかなか詳しく書かれています。

とまあ、ごらんになりたければごらんになれる形で、いくらか世の中に発表されておりますし、関西学院大学の豊下楢彦《とよしたならひこ》先生、下町生まれは間違いやすい、「ナラヒコ」ですね、「シコ」ではございません、という方の天皇・マッカーサー会談に関するかなり立派な研究もございます。

まあとにかく男の約束だか知りませんが、マッカーサーと天皇が余計な約束をしたんですよ。昭和天皇という方はクソのつくほど律儀な、なんていうと怒られてしまいますが、まじめな方でいらっしゃいますので、男の約束ですからといって、会談に関する話は本当にお亡くなりになるまで一切しゃべっておりません。しゃべっているのは専らマッカーサーのほうで、あいつは軍人のくせにおしゃべりなんです。男の約束を知らないやつなんですが、どうもこの男の話は当てにならないところがありまして、いろいろと誤解を生むことになるんです。いずれにしろ男の約束を守ったのは天皇で、守らなかったのはマッカーサーでした。

ただ、マッカーサーがしゃべらなかったことも、松井さんの手記と寺崎さんの残したもの、その他のことでいくらかずつ明るみに出てきております。今日はそれをお話しいたします。退屈なところもあるかと思いますが、日本の戦後に昭和天皇がいかにかかわったか、マッカーサーにどんどん意見を言い、マッカーサーもそれを取り入れ、あるいはそれに影響されて占領政策を進めていった、といってもいいかと思います。とにかく戦後日本の形づくりのために昭和天皇は大変な仕事をなさっていた、そのことがわかるかと思います。

ですが、考えようによってはこれは憲法違反なんですよね。ご存じのように昭和二十一年（一九四六年）に憲法が国会の審議を経て成立し、翌二十二年に施行されました。そこでは天皇は象徴であって政治には一切かかわりなしとされ、現在でも皇室は政治には一切かかわりはないのです。ですから女帝がどうだのごちゃごちゃいっても、皇室典範の改定は内閣の仕事であり、皇室は一切発言をしない、できない、天皇家は政治には一切口出しをしないと決められているわけです。

ところが、昭和天皇はどんどんマッカーサーに話をして、政治に口出しをしています。世の中に出さないという男の約束があるから憲法違反にならないのか、そんなことはねえんじゃないかと思うんですけれども、まあその辺はどうぞ皆さん方がご自身でお考えいただきたいと思います。いずれにしろ戦後日本の占領期間というのは、ある意味では天皇とマッカーサーの合作ではなかったろうかと思われるところが若干あるわけで、そこに歴史を知ることのおもしろみもあり、楽しさもあると思います。

❖話題の中心は東京裁判？［第二回目］

では早速本邦初公開、それほどえらいものではありませんが、第二回目の会談からはじめます。

二回目は昭和二十一年（一九四六年）五月三十一日に行なわれました。はじめは五月三日に東京裁判（国際軍事法廷）が開廷する前、四月二十三日に行なわれるはずだったんですが、その前日に幣原内閣が総辞職をしてごたごたがはじまってしまったので、とてもそんな暇はないということで延びたんです。それで裁判がすでに開廷している非常に微妙なときに行なわれてしまい、残念ながらこの回に関しては空白です。いろいろなものを調べたんですが、いまのところまったく出てきません。多分奥村さんのメモがあるかと思いますが、外務省はこれをまだ出しておりません。ですから何もわかっていないといっていいと思います。

ただしこのとき通訳をした寺崎英成さんの日記が、文藝春秋から出た『昭和天皇独白録　寺崎英成・御用掛日記』の、文庫本のほうには載っておりませんが、単行本のほうにあります。そこには「マックト御会見。十時十五分、半蔵門、十二時七分前迄。チョコレート。記録をつくる。フェラーズ、アチソン、宴会」、これしか書いてないので、眼光紙背《しはい》に徹す、で眺めたって何にもわかりません。「十時十五分、半蔵門」、このとき出たんだなと、そして「十二時七分前迄」というんですから、二時間近く会談が行なわれた。第一回は四十分そこそこ、そんなに長くはありませんが、このときは二時間もやっているんです。なのに何にも書いてない。

ただ「チョコレート」とありますね。何だい、このチョコレートはと思いましたら、寺崎さんの奥さんのグエン・寺崎さんという方が、戦後に『太陽にかける橋』という本を出してベストセラーになりました。それをのぞいてみますとチョコっと出てきたんです。「天皇はこの日の会見を終えて仮御所に戻ると、銀紙に包まれたチョコレートをいくつも取り出して『これ貰ったよ』と出迎えた侍従にいい、『何か不自由なことがあったら、いってほしいといっていたよ』と嬉しそうに語った」と載っているんですよ。ははあ、チョコレートは天皇からもらったものか、なるほど、それで天皇はマッカーサーからもらったんだと。でも、これしかない。これでは何もないと同じです。ただマッカーサーが、不自由なことがあったら何でも言ってくれと言ったほど天皇に親近感をもったといいますか、二時間も腹を割って話したことがわかる。そして多分、食糧援助を天皇が強く頼んだのではないかと想像できるわけです。

寺崎さんの手記でも、松井さんの手記でもそうですが、とにかくマッカーサーは滔々としゃべるらしい。ですから二時間のうち一時間半ぐらいはマッカーサーがしゃべって、天皇陛下は三十分ぐらいじゃないかと思いますけれども、いずれにしても想像されるのは、もうひとつ、東京裁判が話題になったに違いないだろうなということです。というのはすでに四月三日、GHQを監視するために各国の代表がつくった極東委員会が、天皇をもはや訴追しないことを決定しているんです、日本はそんなことは知りませんが。そして五月三日開廷した東京裁判では、天皇が訴追されていない、戦犯として起訴されていないことも明瞭になっている。そう考えを進めてみれば、東京裁判に関することが両者の間で話されたんだろうと想像はできるわけです。残念ながら、実際の内容はまったくわかりませんが。

❖新憲法とマッカーサーの予言［第三回目］

三回目は昭和二十一年十月十六日です。この日付を見てぱっと何かを思いつかれる方はあまりいないと思いますが、新憲法が成立して十日後なんです。つまりいまの憲法が、公布はまだですが、国会で審議され、通過して成立したのが十月六日で、その十日後なわけです。

これは先ほど申しました、国会図書館の幣原平和文庫にある寺崎さんの手記で、ある程度承知することができます。松井さんのほうの手記で見ると、「前回と同様会談の中心は食糧問題と労働問題であった」とあります。前回は間違いなく東京裁判が話題になっていると思うんですが、松井手記には書いてないんですね。それはともかく、三回目は「寺崎手記」によってかなり読み取ることができます。少し読んでみます。

天皇「今回憲法が成立し、民主的新日本建設の基礎が確立せられたことは、喜びにたえない所であります」。憲法が成立して翌年施行されることは、非常に喜ばしいとまず言って、「この憲法成立にさいし貴将軍（あなた、マッカーサー将軍ですね）において一方ならぬご指導に当たられたことに感謝いたします」。

本当はご指導なんていう程度のものじゃないんですけれどね。まあ天皇陛下から見ると憲法制定のためにマッカーサーが非常な努力をしたと承知して感謝したんだと思います。

マッカーサー「陛下のお蔭にて憲法は出来上がったのであります（微笑しながら）」。マッカーサーはほとんど笑ったことのない男らしいですけれども、ここで（微笑しながら）と寺崎さんがわざわざ書いています。「陛下なくんば憲法もなかったでありましょう」。

これもまたすごい言葉ですね。片やあなたのご尽力に大変感謝すると言い、片やあなたがいなければ、あなたがオーケーしなければ憲法はできなかったんだと。

天皇「戦争放棄の大理想を掲げた新憲法に日本はどこまでも忠実でありましょう。しかし世界の国際情勢を注視しますと、この理想よりはいまだに遠いようであります。その国際情勢の下に、戦争放棄を決意実現する日本を、危険にさらさせることのないような世界の到来を、一日も早く見られるように念願せずにはおられません」

天皇からすれば世界情勢はまだ非常に激動している。そのときに日本だけがこういう新憲法のもとに生きようとすることは非常に危険なところもあるのではないかと率直に言ったんでしょう。

マッカーサー「戦争はもはや不可能であります。戦争をなくするには、戦争を放棄する以外にはありませぬ。それを日本が実行されました。五十年後において(私は予言いたします)日本が道徳的に勇敢かつ賢明であったことが立証されましょう。百年後に、日本は世界の道徳的指導者となったことが全世界に悟られるでしょう」

「全世界に」というのは私が勝手につけました。そうじゃないとちょっと文章が成り立たないんですね。

さらにマッカーサーはつづけます。「世界も米国もいまだに日本にたいして復讐的気分が濃厚でありますから、この憲法もうくべき賞賛をうけないのでありますが、すべては歴史が証明するでありましょう」。

これはかなり有名な言葉なんです。五十年後には日本が賢明であったことは立証されるだろうと。もう五十年終わりましたよね、六十年も過ぎました。つまりまだ立証されてないんじゃないか。さらに、百年後には日本は道徳的指導者となったことが全世界にわかるでありましょうと。果たしてどうなることやら、皆さん方の決意いかんだと私は思うわけです。こう予言するマッカーサーがたちまち憲法の大理想を破るんですからしようがないんですけれど、それは後の話になります。で、ここで話はぽんと変わってしまった。

天皇「巡幸は私の強く希望するものであることは、ご承知のとおりでありますが、憲法成立まではとくに差しひかえていたのでありますが、当分差しひかえたほうがいいというものもあります。貴将軍はどうお考えになりますか」

天皇の巡幸はこの年の二月、神奈川県の川崎をスタート地としてはじまっていたんですが、憲法問題が国会でがんがん議論されている間、ちょっと遠慮されたほうがいいのではという声があったとみえて中止されていました。その巡幸をまたはじめたいがどうだろうかと聞いたわけです。天皇陛下が親しく国民の間に入っていった巡幸は、実に戦後日本人に影響を与えましたね。お年の方たちは皆さんご記憶だと思います。私が当時おりました越後長岡にも、この年ではないと思いますけれども天皇がやってまいりました。長岡市民は旗を振ってお迎えしたようですが、私は当時長岡中学校の四年生だったか五年生だったか、水泳部で専ら平泳ぎの練習に熱中していて行かなかったために、昭和天皇のお姿をじかに拝見することはありませんでした。残念のきわみであります。

マッカーサー「機会あるごとにお出かけになったほうがよろしいと存じます。回数は多いほどよいと存じます。日本を完全に破壊せんとするロシアや、豪州は、ご巡幸に反対しておりますが、米国も英国も、陛下が民衆の中に入られるのを歓迎いたしております。司令部に関するかぎり、陛下は何事もなしうる自由をもっておられるのであります。何事であれ、私にご用命願います」

この最後の「何事であれ、私にご用命願います」は、英語では「プリーズ・コマンド・ミー」だそうですが、「コマンド」は「指揮する」、いわゆる軍事用語ですね。つまりマッカーサーは天皇に対して非常に敬意を表している以上の表現をしているわけです。事実マッカーサーが言うとおり、巡幸はソ連などから非常に問題視されました。天皇制の復活ではないかとも言われ、GHQ内部にも猛反対の声があったんですが、マッカーサーは意に介さず「どんどんおやりください」と言ったのは事実だったようです。

三回目の会談は以上、憲法成立直後ですので当然それが話題となりました。マッカーサーの百年後の予言に関しては楽しみなんですが、私はもう生きておりませんので、どうぞお若い方に見届けていただきたいと思います。

❖すっぱ抜かれた安全保障［第四回目］

第四回目は昭和二十二年（一九四七年）五月六日。まさに新憲法施行の直後、施行は五月三日ですから三日後のことです。しかも会見の当日、四月の総選挙で社会党が第一党になり、負けた吉田内閣があっさりと辞表をとりまとめて総辞職しました。そして社会党内閣ができるわけですが、このときの吉田さんの引き際の見事さが、後に吉田内閣を再び生み出し、長く続かせる要素になったといいますか、いずれにしろ社会党が天下をとることになった日が天皇とマッカーサーの会談の日であったわけです。

そして翌日、先にもふれましたが通訳の奥村勝蔵さんが会談の中身をすっぱ抜きました。といっても外国人記者団に気を許して語ったんですね。それで外報としてだーっと出ていって、国内にばーっと戻ってくるわけです。六日の会談内容を七日に奥村さんがすっぱ抜く、すると翌日、八日にはマッカーサーが激怒して全面否定した、そんなことは一切語っていない、とんでもない、奥村はけしからんやつだと直ちにクビにしました。先ほど申しましたとおり、このときのことは奥村さんが私に隠さずに話してくれました。この人はなかなか骨太のところがあったように思います。

さて会談では何が語られたか。もちろん新憲法のこと、また社会党が天下をとった選挙に関して若干の感想を交わした後に、いよいよ日本の安全保障問題をどうするかについて語り合ったことが明らかになっております。

天皇「日本が完全に軍備を撤廃する以上、その安全保障は国連に期待せねばなりませぬ。その国連が極東委員会の如きものであることは大変困ると思います」

極東委員会では、アメリカ、イギリス、ソ連、中国の四大強国がいくらでも拒否権をもつ。国連も安保理は拒否権をもちますが、そのころはまだ使われていません。それが極東委員会では使われていた。そこで天皇陛下は、ああいう形で自由に拒否権が行使されるのでは困るという懸念を訴えたわけです。

マッカーサー「日本は、完全に軍備をもたないことが最大の安全保障であり、日本が生きる唯一の道です」

これはマッカーサーの持論なんです。彼は少なくとも朝鮮戦争が起こるまでは、同じことを何遍もしゃべっております。ところが残念なことに、国連では米英とソ連の間にやたら確執が起こっている。ただ、いまはごちゃごちゃやっているがゆくゆくは大丈夫というので、マッカーサーは保証する。

「将来の見込みとしては国連はますます強固になっていくものと思います」

マッカーサーはやたらと予言するんですね、当たらない予言を。

天皇「日本の安全保障を確保するために、アングロサクソン（米英ですね）の代表者である米国が、そのイニシアチブを執ることだ」

昭和天皇は、国連でも米国がどんどんイニシアチブをとってもらいたいと、アメリカの支援を大いに期待することを表明したものと考えられます。

マッカーサー「米国の根本観念は日本の安全保障を確保することであります（米国は必ず日本を守る）。この点については、十分にご安心ありたい。日本の安全を侵すためには戦術的にはもっとも困難と言うべき水陸両用作戦によらなければなりません」

たとえばソ連にしても中国にしても、ということでしょうが、どっちみち日本の安全を侵す、侵攻するには、水陸両用作戦をやらなければいけない。「これはアメリカが現在の海軍力および空軍力を持っている限り絶対になし得ません」、あり得ない話でありますと、マッカーサーは天皇に強く保証したわけです。

ここまでは国会図書館の「寺崎メモ」に残っています。で、これで終わりかなと思ったらそうではなくて、どうもこの後があると。それは松井さんの手記のほうにちょっと出てくるんです。どう出てくるか、マッカーサーがこう言ったというんです。

「日本を守るもっともよい武器は、心理的なものであって、それは即ち平和にたいする世界の世論であります。自分はこのためにも日本がなるべく速やかに国際連合の一員になることを望んでいる。日本が国連において平和の声を大きく上げ、世界の平和にたいする心を日本が積極的に導いていくべきである」

この部分がなぜか寺崎さんのメモからは切り取られているんですが、日本が先進的・道徳的な世界の指導者になれ、平和的な指導者になれ、その先頭に立て、そうすることが日本の安全をしっかりと守ることになるのであると。つまり日本が国連に入って本当の平和主義を全世界に訴え、先頭に立ってそのために大いに働くことが、大きくいえば人類のため、世界のためになるとマッカーサーは言ったことになるわけです。

それを奥村さんはあっさりと省略して、外国人記者団に、マッカーサーは天皇に対して「米国は日本の防衛を保証すると約束した」と発表したわけです。マッカーサーがここまで言っているんですから、奥村さんがそう要約したとしてもさほどの間違いはないのではと思うんですが、マッカーサーは激怒したんですね。なぜ激怒したかをちょっと考えてみるとおもしろいと思います。マッカーサーは、あくまで保証すると前の段階では言っていました。ところがおしまいの段階では、日本自らが積極的にどんどん働きかけることが日本の平和を守るために一番いいんだと言っているのです。つまり本人の考え方に自己矛盾といいますか、ぎくしゃくしたところがあり、それを見事につかれたことが、激怒の理由ではないかと思うわけです。

一方、奥村さんは、これをなぜあえて発表したか。公務員としては、特にこの会談の通訳としては許すべからざることを勝手にやったわけです。「なぜあのときあの発表をなさったんですか」と私が聞きましたら奥村さんは、ちょっと沈黙して考えた風をして、「いまになってみれば私は正しいことをやったと思う。私は、あの時点でマッカーサーがそう言ったということを、日本国民に知らせておきたかった」と。つまり日本の安全は米国が必ず守ると保証したということを国民に知らせておきたかったと。憲法施行直後ですから、安全保障は当然これからの大問題なので、これを知らせておくことによって日本人みんなに安全保障について考えてほしかったという意味のことを私に語っていました。

ところが松井さんの手記に、外務省で奥村さんの下で働いていた当時の報道課長、法眼晋作《ほうげんしんさく》さん（外務官僚としてかなり有名な方で皆さんお名前はご存じかと思います）が、奥村さんの真意はこうであったと語った話が載っています。「当時日本でいちばん大事なことは安全保障の問題で、マッカーサー元帥が天皇陛下にこの会見で『アメリカは日本を守ることカリフォルニアを守るが如く』と言ったことを、新聞の紙面ではなく（新聞は読まない人がたくさんいますから）何とかして広く知らせるために口コミを利用した」という法眼さんの解釈が「松井メモ」に書いてあるんです。

私が奥村さんから直接に聞いたこととはちょっと違うんですが、いずれにしても奥村さんは、憲法施行後の安全保障問題は、日本人がこれから考えなければならない重大事であり、そのことを考えてもらうためには広く知られたほうがいいと思いきって発表した、となるわけです。

❖天皇の真意［第五回目］

そして五回目になります。昭和二十二年十一月十四日。このときも残念ながらとくにお話しする価値のある内容はほとんど伝わっておりません。ただ推測、あるいは推理として、多分こういうことが語られたんだろうということは考えられます。寺崎さんの日記を見ると、「車八時半に来る。御文庫へ侍従長と九時半、十時一寸過ぎ発車。乾門《いぬいもん》、ハフ大佐、マッカーサーの通訳。十二時五分前終わる。／通訳ありがとうとマ将軍いう」、これだけですので何にもわかりません。ただ、この直前というのか九月十九日、これを非常に大事な日として私なんかは目をとめるのです。このとき、アメリカ軍が日本を守るために基地を設けて駐留するという話が日本政府に伝わってきました。まだ吉田さんが首相になっておらず、片山・芦田《あしだ》の連立内閣で、外務大臣の芦田均《ひとし》さんが専ら交渉に当たりました。そこでアメリカ軍の日本駐留は政府としてはやむを得ないこととして認め、その場合どこに基地をおくのが一番いいかについて、あっさりと、「日本本土のどこでもよろしい」と言ったらしいんです。『戦後篇』でふれておきましたので、お読みになった方は思い出していただきたいんです。

このことが耳に入った天皇は「それはまずい」と寺崎さんを呼び、自分の意思をきちんと言い含め、そのうえで寺崎さんを介して、GHQに親書といいますか、天皇陛下はこう考えておられるという形で寺崎さんが書いた文書を、メッセージとして届けた。それが九月十九日です。天皇の意向とは、日本本土はまずい、沖縄がよろしい、沖縄をお貸しする、「二十五年から五十年、あるいはそれ以上にわたる長期の貸与というフィクション」のもとで米軍に沖縄占領の継続を認めるという内容で、それをアメリカ軍のシーボルトという方を通じてGHQに届けました。これは「寺崎日記」にはっきり出てきます。

『戦後篇』でもふれましたが、のちに昭和天皇が倒れられたとき、ベッドの上で「沖縄には行かなければならなかった」と何度も言ったといいます。新聞にそう報じられました。実際、直前に沖縄に行かれる予定だったのが倒れて叶わなかったので、「残念だ、沖縄には行かなければならなかった」と病床で話されたというのです。天皇は太平洋戦争の最後の激戦であったいわゆる沖縄決戦、そして本土決戦までの時間を稼ぐため沖縄軍に頑張って最後まで戦ってもらおうというので、兵隊さんばかりでなく市民、学生さん、女学生さんまで動員して抵抗したことが心にずっと大きくひっかかっていて、「沖縄には行かなければならなかった」と言ったんだなと思っていた。

これは別に間違ってはいないんですね、そのこと自体。だけれども、それだけではないんだということがわかったわけです。そうだ、天皇は国防のための本土駐留に関して沖縄を二十五年から五十年、あるいはそれ以上にわたる長期の貸与というフィクション、つくりものの契約として、沖縄に軍隊を駐留してもらいたいと自らアメリカにメッセージを与えた。そのことのお詫びのために沖縄へ行かねば、と言っていたのではないか。

昭和天皇は、太平洋戦争においてもそうなんですが、子供のときから軍人として非常に鍛えられた方ですので、戦術的・戦略的な目は特に秀でております。ですから、これから中国共産党も出てくる、北朝鮮も共産国になる、ソ連もどんどんアジアへ進出しているといったときに、アジアをその進出から守るためには、グアム、沖縄、台湾の弧を描いた線で守るほうがいいと戦略的に、かつ地政学的にわかっていたのだと思います。余計な話ですが、太平洋戦争もそうでした。太平洋戦争は早くいえばぶんまわしの戦争でした。つまり戦闘機の制空権の範囲でぶんまわしを回してそこに基地をつくる。さらにその基地から制空権のぶんまわしを回して、新たな基地をつくる。制空権の外側では戦争をしない。要するに制空権内で基地から基地へとカエル跳び作戦をするのです。そのアメリカの戦術が大成功した。つぎの戦争もまた然《しか》り、なんです。それで制空権下の戦略を考えた場合、北海道にどんなでかい基地をもっても、ぶんまわしを回してみればかんじんのところへ届きません。それを昭和天皇はわかっていた、だから早い話が沖縄を売り渡したといったら悪いんですが、沖縄を貸し与えたと。

マッカーサーもGHQもバカじゃありませんから、天皇の炯眼《けいがん》といいますか、すぐれた戦略眼を認めまして、では沖縄がいいというので、日本本土にでかい中心基地をもつようなことはしなくなったわけです。

そのことを昭和天皇は亡くなるまで、「申しわけないことをした、沖縄の人たちには長く苦痛を与えたままであった、それをお詫びに行かなければいけなかった」とベッドの上で言われたのではないだろうか、何も太平洋戦争の沖縄決戦だけではなくて、そういう戦後の複雑な事情もあったのではないかなと思うわけです。

したがって、こういう事実が裏側にあったとすれば、第五回の会談は当然のことながら沖縄問題が語られたと思うのです。繰り返しますが、残念ながら証拠となる文書はいまのところ見つかっておりません。寺崎さんがここのところは記録として残しておりませんので。もちろん外務省にはあると思いますよ。

第六回、第七回は、寺崎さんが第五回の直後に病気になってとてもお供できないというので、GHQ側の通訳がやったものと思います。したがって日本側はノータッチで知りようがない。ほら吹きマッカーサーも、この六回、七回に関しては何にもほらを吹いておりません。空白のままです。お若い方に、どうぞこの空白を埋める何かすばらしいものをアメリカへ行って見つけてきてほしいと思わないでもありません。「おまえ、行け」と言われても困るのです。だいぶ年をとりまして、腰も痛くなりまして、飛行機はあまり長々と乗っていられませんので若い人に期待するわけです。

❖ゆらぐ日本の治安［第八回目］

第八回からは、松井さんが日本側の通訳として起用されました。起用に際して、松井さんは日本からもアメリカ側からもきつく言われました。「いいか、奥村のような不手際なことをしてはいかんぞ。一切しゃべるなよ」と。こうして松井さんが通訳となり、マッカーサーがクビになってリッジウェイ大将に替わってからも通訳として残りました。リッジウェイと昭和天皇との会談もなかなかおもしろく、それも松井さんの「手記」に記録が残っています。今回はふれませんが。

さて松井さんは「メモもとるな。何もするな」と上からあまり言われたものですから、外務官僚というのはそういうところはまじめなんでしょうね、そんなにうるさく言うならとメモもとらず、それで二人の間で何が話されたか残念ながら一切記憶しとらんと。人間というのはおもしろいもので、終わった後、メモをとっておくと頭に残るんですね、何にも残さんでその場の記憶だけにしておくと本当にすっ飛んで抜けてしまう。手の動きとか働きは頭に伝えるために重要なものですから、皆さんもどうしてものときはメモなどで残されたほうがいいと思います。いずれにしろ残念ながら松井さん、言われたとおりに忠実にメモをとらず、したがって一切記憶も飛んだという。ただ、「松井手記」に「陛下が国内の治安について深い憂慮の念を示した」とあります。国内の治安をどうしたらいいか非常に深い憂慮の念を示し、そうした言葉が何遍も出たことは脳裏に焼きついているると、それだけは残っているそうです。

治安のことを天皇が気になさったのは、年表を見るとおわかりになると思います。昭和二十四年（一九四九年）の七月八日ということは、『戦後篇』でもふれましたが、その年の三月からドッジ・ラインといって、ひどい日本のインフレをとめなければいけない、緊縮財政という大手術をやれというアメリカの命令で、まず現在のＪＲ、国鉄の膨大な数のクビ切りがはじまりました。それに関連して、この決定会談の二日前に下山事件が起きています。さらに会談の一週間後に三鷹事件、またその後に松川事件と、国鉄がらみの奇怪な事件が連続すると同時に、クビ切りに反対する人民電車が走ったり、労働者のほうからの猛烈な抗議運動がはじまって、社会がぐらぐらと揺れていた。国内の政治的・社会的な情勢が激動していたことは確かなんですね。それを天皇は非常に心配されて、マッカーサーに強く訴えたと推察されるわけです。

❖国際情勢への懸念［第九回目］

九回目になります。昭和二十四年十一月二十六日。この少し前、ソ連が原子爆弾を保有したことを公表し、核戦争への赤信号が大きくともります。さらに十月には中国で共産党政権、現在の中華人民共和国が成立しました。アジアの中心部が完全に広大な共産主義国家でまとまったのです。この辺からアメリカの占領政策も、これではだめだ、日本をいつまでも民主化民主化といって押さえつけていたのでは向こう側へいってしまうかもしれない。むしろ逆にこれを緩め、日本を反共の最前線、橋頭堡《きょうとうほ》にすべきである、日本への締めつけをやめよう、という方向に傾くのです。

したがって天皇とマッカーサーの話も、共産主義的国家の進出をどうみるか、どうその進出を食いとめるかになったかと思います。同時にこの辺りから、いま言ったようなＧＨＱの政策転換もあり、何とか早く講和会議を開いて占領を終結させ日本を独立国にし、アメリカ側に引き込もうというので、講和会議の開催が大きな問題になってきました。皆さんご存じでしょうが、講和会議については日本のインテリゲンチアの間で単独講和か全面講和かの大議論が起こりまして、お二人の話もそっちのほうになりました。

マッカーサー「速やかに講和条約を締結することが望ましい」

天皇「ソ連による共産主義思想の浸透と、朝鮮（といっても韓国のほうです）にたいする侵略などがありますと、日本国民が甚だしく動揺するが如き事態になることを恐れます（そのことを私は非常に心配している）。ソ連が単独講和を唱えるのも（ソ連が甘い言葉を盛んに言いかけているのは）、共産主義にたいする国民の歓心を買おうとする意図にほかならないと思います」

朝鮮戦争はまだ起きていないんですけれども、「朝鮮に対する侵略などがありますと」というんですから、昭和天皇は朝鮮戦争を予見していたのでしょうか。国際情勢的にはほとんどの人が考えてもいなかったことなんでしょうが、昭和天皇は、そういう事態になると日本国民はうんと動揺してしまうから非常に心配していると。

マッカーサー「日本国民はソ連を含めた全面講和ができるというような間違った希望（フェールス・ホープ）をいつまでも持ち続けることはできないでありましょう。日本が完全に中立を守ることによって（いいか、向こう側についてはいかんよということですね）、その安全を確保し得るならば、それに越したことはありませんせん。しかし、米国としては空白状態に置かれた日本を侵略に任せておくわけにいきません。だからといって、日本が不完全な武装をしても侵略から守ることはできません。かえって侵略を招き、日本経済を破綻に導きます」

つまり日本は中途半端な武器をもって対抗しようなどと考えるな、アメリカの傘下にいなさい、そのほうが安全である、と言っているわけです。

さらにマッカーサーは、講和条約によって日本が独立したとしても、これから先の「数年間、過渡的な措置として、米英軍の駐屯が必要でありましょう。それは独立後のフィリピンにおける米軍や、エジプトにおけるイギリス軍や、ギリシャにおけるアメリカ軍と同様な性格をもつものとなりましょう」と。駐留しても、その駐留は軍事的な占領ではなく、フィリピンにおけるアメリカ軍のようなものであると言っているんですが、どこまで本気で考えていたのかはわかりません。

天皇「講和を早く実現し独立を回復することは、日本の強く希望するところであります。その場合、国内治安維持についても万全の措置を講ずべきであると思います」

国内問題を天皇は非常に心配していますね。その後、朝鮮半島の情勢、ソ連の原爆保有などについて話し合い、天皇はこう言います。

「日本は千島がソ連に占領され、もし台湾が中共の手に落ちるようなことになれば、米国は日本を放棄するのではないかということを心配している向きがあります」と。

「向きがあります」と言ってますが、天皇は一番これを心配していたのではないか。そういう危険な情勢があったわけです。千島はもちろんソ連が占領していますが、台湾が中共の手に落ちるようなことになるとアメリカは、日本は危なっかしくてしようがないから「もう助けるのをやめた」と日本を放棄するのではないか、それを心配しているというわけです。

するとマッカーサーが、

「米国の政策はまったく不変であります。米国は極東を共産主義の侵略から守るために固い決意をいたしております。米国は日本に止《とど》まり、日本及び東亜の平和を擁護するために断固として戦うでありましょう」

と確言したんですね。日本を守るためにアメリカは全力を挙げて戦うということを。

それを聞いて天皇陛下は「お話を伺い本当に安心いたしました」と、非常に安堵されたという記録が残っているわけです。

❖いよいよ講和問題へ【第十回目】

あっという間に時間が来てしまいましたが、残りをぺらぺらとしゃべってしまいます。十回目、昭和二十五年（一九五〇年）四月十八日です。

天皇「日本にとりまして対日講和を成立させることができれば何より先決であると思います（もう講和問題が話されています）。国際関係の利害は必ずしも一致していません。四大国間の意思の一致もなかなか困難のように見受けますが、その間の消息は如何でしょう」

マッカーサー「確かに米国とソ連・中共との対立はいっそう強まり、まことに残念ですが、対日講和の成立は早期の講和の見通しがつかなくなりました」

天皇「米国はアジアにたいする重点の置き方がヨーロッパに比べて少しく軽い

もう少しアジアをしっかり守ってくださいと、天皇はマッカーサーを叱《しか》るわけです。

マッカーサー「米国は従来ヨーロッパ第一主義の政策をとってきております。このバランスの誤りが、いわば中国の悲劇（共産国になってしまったこと）を招いたのだと思います」

天皇「日本共産党は国際情勢の推移にしたがい、巧みにソ連のプロパガンダを国内に流しております。国民の不安をかきたてようとしているように私には見受けられます」

マッカーサー「わかりました。共産党が法律に違反したようなことがあったらどしどし取り締まり、宣伝に対してもこれを厳しく見守ります」

すると天皇は「こういうイデオロギー国家に対しては、共通の世界観をもった国家の協力によって対抗しなければならないと思います」と言います。

日米が協力して対抗すべきだというわけです。

マッカーサー「共産主義はマルキシズムに立脚した独裁制をもって世界制覇をもくろんでおります。その手段は暴力に訴えて巧みであり極めて危険であります。自由主義諸国も十分その危険を自覚して互いに協力しなければならないと思います」

二人はここで意見が一致しました。

そしてこの直後の五月三日、ＧＨＱは日本共産党の非合法化を示唆します。さらに六月六日、共産党中央委員二十四名の公職追放の指令が出されました。徳田《とくだ》球一《きゅういち》さんや志賀義雄《しがよしお》さんら、共産党のおもだった人たちが地下にもぐることになりました。

そして天皇・マッカーサー会談から一週間後、吉田茂さんが池田勇人《いけだはやと》大蔵大臣をアメリカに派遣して、「もしアメリカ側からそのような希望を表立って申し出しにくいならば、日本政府としては、日本側からそれをオファーするような形で申し出し方を研究してもよい」と伝えます。これは安保条約の前哨戦になる話で、日本を守るための米軍駐留ということをアメリカ側が言い出しづらいならば、日本側からそれを言い出してもいいですよというのです。アメリカ側が日本を命がけで守ると言っている、それならば日本は講和会議の後、いたずらに中立的な武装国家をつくって（独立国になるんですからそれが理想でしょうが）中国やソ連と対立するよりは、むしろアメリカの傘の下に入ったほうがいいだろうと決め、吉田さんは池田さんを送り込んだのです。このことについては安保条約の基礎になる話として『戦後篇』でしゃべっております。

いずれにしろ天皇とマッカーサーの会談でそういうことが話し合われ、二人の見解が一致した形で、時の政府が日本の今後のあり方を考え、決定しようとしていたと言えるのではないかと思います。そしてこの直後、六月二十五日に朝鮮戦争が勃発しました。

❖別れの挨拶［第十一回目］

最後の第十一回目ですが、これまで年に二回ないし三回行なわれていた二人の会談は朝鮮戦争のためにしばらく行なわれず、トルーマンによってマッカーサーがクビになり、日本から立ち去ることになったときにようやく行なわれます。ですから十一回目はむしろ、天皇がマッカーサーにお別れの挨拶に行ったということなのでしょう。ただここでおもしろい話がひとつあります。

「お別れすることは、まことに残念なことと思っております」と天皇陛下が言うと、マッカーサーは「（実は私がクビになった理由として）正直なところ私としても判断に苦しむものでありまして、大統領としては政治的理由から私の解任を決定したものと思いますが、米国の日本にたいする政策は不変であります」。

マッカーサーは、去るに当たっても、アメリカが日本を守るという政策は不変ですと保証したわけです。

すると天皇は「戦争裁判にたいして、貴司令官（マッカーサー）のとられた態度について、この機会に私は謝意を表したいと思います」。

マッカーサー「私は戦争裁判の構想に当初から疑問をもっておりました。しかしワシントンからの指令によりやむを得ず実行したのであります。私はワシントンから天皇裁判について意見を求められましたが、もちろん真っ向から反対いたしました」

……といった会話も残されているようです。つまり東京裁判が、何とはなしに天皇を訴追しない、起訴しない、免訴するという形において実行された。それに天皇は感謝し、マッカーサーはそれを得意げといってはおかしいんですが、自分がやった大仕事であると言わんばかりに天皇に言ったことが、最後の記録として残っているわけです。

❖二人の会談を知ることの意味

というわけで十一回、非常に早足でしたが一応お話ししました。これは現在わかっている範囲において、天皇とマッカーサーの十一回の会談、話し合いにおいて戦後日本がいかにしてつくられてきたかを物語るひとつの事実、ストーリーであるわけです。

これを憲法違反だとかどうだとか言うよりも何よりも、戦後日本をつくるとき、あまりにも私たち日本人は無知で、ためにいろいろなことがわからないままに今日に至ってしまいました。そしていまは、戦後日本は押しつけてつくられたのだと珍なる議論がかまびすしいときです。そのとき両国のトップによる、それこそサミットともいえる会談がこのような形で行なわれていた事実を知ることは、必ずしもむだではないと思います。それが正しかったか正しくなかったかは皆さん方一人ひとりがお考えいただきたいと思います。

とにかくこのようにして日本という国が、つまり占領下の戦後日本がつくられてきたのです。それが、朝鮮戦争が起きたばかりにずっと後になったんですが、講和条約を経て、ふたたび独立した日本がどういう国家をつくるか、新しい国家はどうすべきか……講和条約の時点で日本人は考えなかった、ある意味ではもうすでにでき上がってしまっていたからです。つまり昭和二十年から二十六年の六年間はあまりにも長い時間でありました。そのために日本はつぎの国家をどうすべきかを考えないで、そのままずるずると引っ張ってきてしまった、つまり占領時代をそのままに受けついできてしまった。これは事実だと思います。ですからいまの日本がどういう風につくられたかの一面を理解するためにも、この十一回の天皇・マッカーサー会談はもう少し知られていいことではないだろうかと思うのです。

先ほども言いましたが、残念ながら私も年です。老骨です。横町の隠居です。アメリカへ飛んでいってもっと詳しいことを調査して知るための旺盛なるエネルギーがもうなくなっております。ぜひ若い方にハッスルしていただいて、頑張って研究していただきたいと思う次第です。

長時間ありがとうございました。

第四話

「ヒロヒトを吊るせ」

新宿周辺も空襲で見る影もない。
急ごしらえのわびしい改札口は
現在の新宿駅南口(甲州街道口)。

1．裁判にかけろ

❖例外なのはただ二人

マッカーサーが、愛妻ジーンと息子のアーサーを、東京に呼びよせたのは、日本降伏後一カ月以上たった昭和二十年（一九四五年）九月十九日のことである。なお日本国内の物情は騒然としているときであった。

ポツダム宣言の第10項に書かれてある戦争犯罪人として、元首相東条英機大将がその第一号に指定され、日本政府からなんの連絡もなく、突然のMP（陸軍憲兵隊）による連行という事態に、自決をはかったのが九月十一日。翌日には同じく戦犯の本土防衛総軍司令官の杉山元元帥夫妻の自決。翌十三日に元厚相小泉《こいずみ》親彦《ちかひこ》、さらに十四日には元文相橋田邦彦《はしだくにひこ》の自死とつづき、十八日になって東京警備の総責任者である前東部軍司令官の田中静壹《たなかしずいち》大将が八月二十四日にすでに自決していることが発表されている。

そうしたとき、〝青い眼の大君〟としてもはやなんらの危険なしに君臨できるとの自信を、マッカーサーは抱いていたのである。

東京に進駐し第一生命ビルに連合国軍総司令部（ＧＨＱ）の旗をひらめかしてからも、マッカーサーの日常は、かつて戦場においてたてた日課と、まったく同じように厳守されていた。朝遅く起きてゆっくり朝食をとり、しばらく書類に眼をとおしてから、午前十一時に宿舎のアメリカ大使館をでてＧＨＱに向かう。午後二時まで働き、昼食のため大使館に戻り、昼食と昼寝ののち、午後四時すぎにまたＧＨＱに戻って午後八時ごろまで仕事をし、そして大使館に帰る。規律正しい軍人らしく、かれはこのスケジュールをまったく変えようとはしなかった。

マッカーサーがＧＨＱに出入りするとき、そのたびに、かれを見ようと腹をすかせた日本人が遠巻きにしてむらがった。かりにマッカーサーを殺して復讐をとげようとする日本人がいたとしたら、少なくともチャンスは毎日四回あったのである。黒山の人だかりに隠れて、拳銃の引き金をひくことは実に容易であった。

しかし、報復の念に燃えた日本人はだれひとりいなかった。

いや、正確には、二人いた、といえるかもしれない。それはかなりのちのことになる。敗戦の翌年の二十一年五月、メーデーに乗じマッカーサー暗殺を企てた十八歳の、新井輝則という群馬県出身の青年がいる。かれは共産党に入党し、共産党に不信をもたすためにに党員としてマッカーサーを暗殺するつもりであったという。しかし、あまりに早くから吹聴していたため疑惑をもたれ、未然に逮捕されてしまった。GHQの軍医の診断の結果、精神に異常はないとされたものの、計画はあまりにお粗末なものであった。

もうひとりは、兵庫県出身の、五十九歳の大工である。この男はさらに翌年の二十二年一月二十六日午前十一時十五分、出勤してきたマッカーサーに、いきなりとびかかろうとしている。つぎの瞬間には、MPと日本人警官によって折り重なるように組み敷かれて、いともあっさりとり押さえられてしまった。マッカーサーは振り向きもせず、ビルのなかに消えていった。

男は警視庁での取り調べにその真の意図を語った。

「私はアメリカ兵の銃弾に当たって死にたいのでありました。決して元帥閣下を傷つけるつもりはありませんでした。ただ、襲撃するようなふりをして、アメリカ兵に撃ってもらうのが目的でした。ですから、これは自殺であります。私は日本が戦争に勝つものとばかり信じていました。日本政府や軍人を信頼していました。しかし、私は裏切られました。マッカーサー元帥とアメリカの人々よ、私はこわがらずに死にます。しかし、死ぬことは、寂しいものであります……」

この調書は翻訳されて、ＧＨＱに提出された。マッカーサーはたしかにそれに眼を通している。そして自筆で末尾にあっさりと記した。

「この男を釈放してやれ」

それにしても、八月十五日という一時点を境にして、前と後とは何という日本人の変わりようであったろうか。終戦のその日まで、神風《しんぷう》特攻が敢行され、鬼畜米英を叫び、一億総玉砕を呼号していた。そしていま、昨日まで血を流して戦っていた敵の軍隊に国土を占領されるのである。いわば民族とか国家という有機体に異物が入りこんだにひとしい。当然のことながら有形無形の抵抗あるいは対決があって当然であろう。

にもかかわらず、〝青い眼の大君〟がその眼で見たものは、従順な、過去のすべてを忘れ去ったような、いまや大義はそちら側にあるとはやばやと納得したような、日本人の姿ばかりであった。だからこそ、愛妻や息子を、かれは予定より早く呼びよせた。占領がうまくいくという、大いなる信念があったからである。

❖「この国はおかしな世界だ」

とはいうものの、と、アメリカ随一のアジア通、日本を知ること右に出る者はないとの自信をもつマッカーサーも、この予期以上の現実に考えざるを得ないものがあったに違いないのである。当然のように、ひとりの人物が脳裏に描かれてくる。いわゆる〝鶴の一声〟によって戦争が終わった事実。またそれによって何百万の狂熱的な軍人が武器を捨てた事実。この予想を超える大事を日本人に成さしめたのは、天皇裕仁なのである。

その天皇が、戦争終結にさいして、放送を通して日本国民に呼びかけたゆえに、日本民衆はそれまで以上にかれを身近な親しい、うやまうべき存在、もっといえば国民精神の体現者のごとくに感じているのではあるまいか。

天皇の言葉である「堪え難きを堪え、忍び難きを忍び」を体して、日本人は整々粛々とわれら占領軍を迎えているのではないか。

それだけに九月二十七日の、アメリカ大使館での昭和天皇との初会見は、マッカーサーにとっても期するものがあった。当然もっと早く礼をつくしてくると思っていた敗戦国の元首が、やっと勝者のおのれの前に姿をみせる。その運命と、生殺与奪の権をにぎるおのれに、かれが何をいうのか。世界史上の数多くの敗戦国の帝王のように、ひたすら憐愍《れんびん》を乞うのではあるまいか。マッカーサーは厳然として形式的な態度で迎えるつもりであった。

だが、会談を終わったとき、マッカーサーは骨の髄からゆさぶられるような感動を味わった。この眼鏡をかけ背を丸めた小柄な男は、敗者ながら毅然として、罪を一身に着ようとしているではないか。マッカーサーにもそれはまったく予期せぬことであった。死をともなう責任を進んでひき受けようとする、そんな元首が世界の戦争史上にかつて存在したであろうか。

会談は約四十分で終わった。出迎えも見送りもしない条件がついていたが、マッカーサーはそれを破って玄関まで天皇を見送った。そして握手まで交わした。尊大で傲岸な男にとっては、われながら思いもかけない行為である。

しかし、偉大さの幻想にとりつかれている将軍は、すぐにわれをとり戻した。マッカーサーは大またで部屋に戻ってくると、さっそく愛妻ジーンをさがした。彼女に、天皇がどんな顔をしているかを教えたくてならなかったのである。

ジーンのほうが夫をだしぬいていた。マッカーサーが説明をしだすよりさきに、彼女は笑いながらいった。

「あら、私は見ていましたわ。アーサーと私は、赤いカーテンの裏からのぞき見していたのですもの」

マッカーサーは苦笑しながら、いった。

「お前は、それでどう思うかしらないが、おかしな世界だと思うよ、この国は。が、楽しいな」

言葉は軽かったが、そのときマッカーサーが抱いた想いは複雑であった。楽しいどころではなかった。それからあとは一時間以上、ひとり部屋にこもってかれは深い思案に沈んだのである。かれの耳の奥には、イギリス・ソ連・豪州などの連合国が、天皇を戦争犯罪人として裁け、と一致して主張する声が響いていた。それればかりではない、トルーマン大統領をいただくワシントンもまた、天皇戦犯説に傾いていたし、GHQ内部に「ヒロヒトを吊るせ」と主張する麾下《きか》の軍人たちも決して少なくはない。

もし自分ではなく、トルーマンであったなら、とマッカーサーは思う。天皇みずからの言葉に、渡りに舟ととびのり、希望どおりかれを裁判にかけこの微妙な問題を、一挙に解決してしまうことであろう。だが、自分はミズーリ州の農民出身のトルーマンではない。何よりも精神の高貴さを尊ぶ軍人中の軍人なのである。

マッカーサーはつぎに何をやるべきかの難問に直面していた。かれは理想主義的かつ楽観主義者であり、自分は絶対に誤らないという信念の持ち主でもあった。そして重みと意義ある仕事にたいし、あえて挑戦的になれる人間でもある。難問とは、天皇その人の身柄をどう扱うべきか、……である。

そのころ、皇居に戻ってきた昭和天皇は、さすがに会見前の緊張もとれ、うって変わって和やかな表情をしていたという。そして、出迎えた皇后に、

「ごきげんよう」

と、笑みをうかべて声をかけた。

❖追放か、廃位か、戦争犯罪人か

天皇の無事の帰還を迎え、先行きを憂慮していた側近や閣僚たちの胸からつかえがひとまず落ちた。結果はかなり上首尾だったらしい、が、だれもが決してこれで安心できるとは思ってはいなかったのであるが。

日本史上をみても、壬申の乱において、建武中興において、また家康の江戸幕府の皇室政策などをみるまでもなく、天皇も上皇も、政治犯として逮捕されているし、死刑はないが流刑と退位の強制はしばしばである。北条泰時《ほうじょうやすとき》のごとく、

天皇みずから出馬ならば抵抗すべからず、と命じておきながら、一度兵を京に入れるや、上皇や皇族を捕らえ、文武百官たちを斬っている。まこと兵は勢いなり、なのである。

はたして勢いにのるマッカーサーが、いやワシントンが、天皇制をどうするか、裕仁天皇の身柄をどうしようと考えているのか。側近たちの焦慮はなおその一点に集中している。そして日本の新聞が、なぜか積極的に報道している海外のさまざまなそのことに関する意見を読み、一喜一憂する毎日がつづいていた。

たとえば、読売新聞は中国の林語堂《りんごどう》の談話として「日本の民主主義を確保するためには、当然今上《きんじょう》天皇は廃位されねばならぬ」という記事をかかげた。また朝日新聞は「天皇制に関する世界の声」（十一月五日）という特集をくんで、つぎのような、いくつかの意見をいっぺんに報じた。

フィリピンのカルロス・ロムロ代将「日本帝国主義の象徴である天皇の大権が維持されるとすれば、誤りであると思う」

ニューヨーク・タイムズ社説「天皇の大権のすべてを、天皇から日本国民に移すことが、憲法改正の最大問題である。これさえ完遂されるならば、他の改正は第二義的なものだ」

東京新聞の十月二十三日号は、ニューヨーク・ヘラルド・トリビューン紙に載った書評を、わざわざ紹介している。要旨は、天皇は戦争に責任があるから、占領期間中少なくとも二十年くらい「空位時代」をおき、天皇に関する神話がうちこわされ、民主化が進められることが必要である、というもの。

そして十二月二十三日には、朝日新聞が「天皇の国際裁判」の見出しで、きわめて不吉な文面を掲載した。それによると、フィリピンの弁護士会がトルーマン大統領に電報を送り、日本の天皇を戦争犯罪人として裁判に付してもらいたいと、強く懇願したこと。また全アメリカ弁護士会も大統領にたいし、侵略戦争における共謀者たちとともに、天皇を戦争犯罪人として、国際法廷の裁判にかけ厳罰に処すべきだという旨の声明を、ぜひにもしてほしいと要請したこと、などを報じているのである。

こうした海外の強硬な世論がつぎつぎと新聞に発表されているのを読み、閣僚や天皇側近はますます眉を曇らせていった。そのきびしさは少なくとも衝撃であった。なぜなら、十二月二日には梨本宮守正王《なしもとのみやもりまさおう》が戦犯として逮捕という、だれもが予想さえしなかったことが現実となったからである。マッカーサーの追及がついに皇室におよんできた、という想いにいやでも駆られた。

そして、もはや国体護持はならずの絶望から、十二月十六日には、元首相近衛文麿が巣鴨刑務所出頭を前に、服毒自殺している。このように、昭和二十年の暮れは、天皇の周辺には明るい材料などなに一つなかった。天皇の運命を案じている人びとの間では、ひそかな危機感が高まっていた。

しかし、天皇その人はあわてず騒がず悠揚としている。敗戦の翌日、八月十六日朝、いつもの時間に起きた天皇は、朝食のあと庭に出て、バルコニー前の花壇に、如露《じょろ》でゆっくりと水をやることで、戦後の第一日をはじめたのである。軍服をぬぎ、背広姿でカンカン帽をかぶっていた。まわりの人びとの虚脱とはまったく無縁のように。そんな風にして、天皇の静かな日常はつづいていた。

それが天皇を天皇たらしめている王者の風格、あるいは何があろうとも平常心でいられる、という特質なのかもしれない。その平常心でマッカーサーにも会いにいった。国際世論の矛先がいかにその身に向けられていようと、われ関せず、無縁のものと感じているようにみえた。

しかし、まったく知らないことであったが、現実は、かなり危険な崖っぷちに、そのとき天皇は立たされていたのである。

2. 天皇を救え

❖ワシントンでの論争

ワシントンでは、実に九月から十一月にかけて、天皇の身柄をどう扱うべきかの問題をめぐって、連日のようにきびしい討議がつづけられていたのである。その中心となったのが極東小委員会であり、軍部とりわけ海軍省側委員が一貫して強硬論を主張しつづけた。

たとえば十月一日の会議では、こんな討論が交わされている。

海軍省側「天皇は、⑴みずから退位したとき、⑵国民によって退位させられたとき、⑶占領目的の達成に支障のないとき、そのいずれかの場合には、当然、戦犯として裁判にかけるべきである」

国務省側「天皇を戦犯裁判にかけても効果はあまり期待できないが、もし、それが占領目的の達成に役立つというのなら、そうすべきである。天皇個人と天皇制とは切り離せない問題であるから、天皇個人の無罪は天皇制の行方に微妙な影響をもつと思う」

これにたいし陸軍省側の委員は、やや反対論、というより消極説にまわっている。

陸軍省側「とにかく有力な証拠を集めるのが先決である。確たる証拠が収集されるまでは、天皇を逮捕すべきではない」

実のところ、かれらは論じながらも、あるジレンマに陥っていたのである。軍国主義の源泉たる天皇制をどうにかせねばならぬ、が、公然と天皇制廃止をうちだせないというジレンマ。なぜならポツダム宣言受諾をめぐって、せっぱつまったところで日本政府とのやりとりがあり、そのとき天皇制の将来は日本国民の自由意思にまかせると、アメリカ政府は約束してしまっている。それゆえに、「いまになって、ウソをついたといわれぬようにせねばならぬとは……」

と、強硬論者はホゾをかまざるを得なかったのである。

越えて十月五日の議論には、そのジレンマがよく出ている。

陸軍省側「わが国は、ポツダム宣言で天皇制の存続を黙約することによって、すでに天皇の生命を救ってしまったのである。その事実から考えると、天皇を戦犯裁判にかけることは疑問となる。したがって証拠収集も慎重にやらねばならない」

海軍省側「いや、証拠が収集されるまで、この天皇裁判の問題を凍結しておくことには断じて反対である」

国務省側「天皇は元首であって、日本がおかした国際法違反には、責任をとらねばならない。極論すれば、裁判にかければ自動的に有罪となることは間違いない。しかし、裁判はあくまで法的手続きを守らねばならぬ。それにはまず、証拠である」

こうして重なる討議をへて、十月十六日、極東小委員会の結論が出た。その骨子というべきものは――、

(1)天皇制についての根本方針が固まるまで、天皇裕仁の戦犯問題に関する最終決定は延期する。

(2)最終決定は留保しつつ、とりあえず、天皇裕仁の戦犯容疑についての証拠を、可及的速やかに、かつ秘密裡に、収集する。

(3)証拠収集をマッカーサーに一任する。マッカーサーは収集した証拠を、天皇戦犯裁判をひらくべきか否かについての自己の意見勧告をつけて、統合参謀本部に速やかに提出すること。

これをうけて、ワシントンの政策が正式に決定された――つまり、「天皇裕仁は戦争犯罪人としての逮捕、裁判、処罰からまったく免責されたわけではない」「天皇裕仁なしで、占領がうまくいくと判明したときは、かれの裁判問題は当然

に提起される」という前提のもと、ワシントンは東京で支配者となっているマッカーサーその人に、最終判断をまかせることにしたのであった。

十一月二十九日、ワシントンはマッカーサーに電報を送った。

「貴官はただちに、ヒロヒトが日本の国際法違反に参加ないし責任があるかどうか、についてのすべての証拠を収集されたい。……なお証拠の収集にあたっては、証拠の露見はもちろん、証拠を集めていること自体がバレぬよう秘密保持に、十分に留意されたい」

電波はあっさりと太平洋を越えた。

❖副官・フェラーズ准将の政戦略

このときから、天皇の運命はマッカーサーの手に握られた、といっていいであろう。ところが興味深いことは、そのかれのお膝下で、時を同じくして、天皇の扱いをめぐっての議論が沸騰していたのである。激論は、天皇がマッカーサーを訪問した直後からはじまっている。

何よりも「われらが元帥」とならんだ天皇の写真が、ＧＨＱの口さがない雀どもの斉唱を誘ったのである。つい数カ月前まで戦塵にまみれた荒くれ男ども。そのかれらが、世界歴史にも比類のない大実験を、日本でやろうと勇みたっている。かれらは思う――改革は大胆かつ詳細をきわめた設計図のもとに行われねばならない。しかも、それはまことに順調にスタートしたではないか。

ならばこそ、これからも同じ戦略でいく。民主国家を新構成するための必要なものは何か。戦前の軍国日本で民主主義を阻害していたものは何か。そのためには広範な〝破壊〟が必要であると、かれらは考える。天皇の地位に直接的な攻撃を加えるべく、神道を国家から分離せよ。教育勅語を廃止せよ。封建的社会や封建的経済体制を打ちこわせ。……ついでに「ヒロヒトを吊るせ」。それが新日本建設のための捷径《しょうけい》であると、意気さかんの者は大声で論じ出したのである。

そうした大合唱のなかで、ひとり断乎として反対する将軍がいた。マッカーサーの高級副官・フェラーズ准将がその人。まだマッカーサーがマニラで、米比軍養成の任についていたときからの腹心の部下で、いわゆるバターン・ボーイズのひとりである。

天皇がマッカーサーを訪ねたとき、アメリカ大使館の玄関でその車を出迎え、きちんと挙手の礼をして随行のものをホッとさせたのも、フェラーズ准将であった。天皇は思わず手を出して握手を求め、准将も礼儀正しくその握手に応えた。のち天皇は皇居に帰ってから、この礼儀正しい副官に、署名した写真を記念として贈っている。

かれ自身は日本語ができなかったが、ラフカディオ・ハーン（小泉八雲《こいずみやくも》）に傾倒し、バターン・ボーイズ第一の日本通をもって任じていた。そしてバターン・ボーイズのなかに、政治分析家ないし政治哲学者と称し得る者がいるとすれば、フェラーズがもっともそれに近いと噂されていた。占領軍最高司令官となったときマッカーサーは、「ヒロヒトは日本のヒトラーだ」といい張る無知な野戦軍人たちよりも、この良識ある将軍を側近にとりたてて、自分のすぐそばにおいたのである。

そしてこの副官は、たしかにマッカーサーを喜ばせるような政戦略観の持ち主であったのである。たとえば、かれはルーズベルト大統領がアメリカを無理矢理に戦争にひきずりこんだと確信していた。また、ドイツとの戦争も起こらずにすんだと固く信じていた。これはマッカーサーの戦争史観といたく合致した。マッカーサーもまた、日本との戦争は来るべからざるときに来た、と考えている。開戦は昭和十六年十一月二十六日の「ルーズベルト最後通牒」（ハル・ノート）によって無用に早められた。「最後通牒」は大きな誤りであったとマッカーサーは断言していた。

フェラーズはまた、ソビエト連邦の脅威についても、マッカーサーと同意見である。「ロシア人は白人を包囲しつつある。共産主義とともにスラブ民族がヨーロッパに、アジアに侵入してきつつある。これを防がねばならない」と、かれは説きつづけてきた。

日本の天皇についてもこう明言した。

「天皇裕仁はルーズベルト以上の戦争犯罪人ではない。事実、記録をよく調べてみたまえ、そうすればどちらが戦犯か明らかになる」

ＧＨＱ内部と周辺の者たちには、この副官がどの程度まで総司令官の考え方に影響を与えているのか、明確にはわからないまでも、マッカーサーの発表する声明のなかに、きまってフェラーズの思想の反映を発見しては、驚嘆させられることが多かったのである。そして副官の影響力の大きさに嫉妬を感じていた。

その影響力の大きいフェラーズが、天皇の戦犯問題にからめて「天皇に関する覚書」を作成したのが、天皇・マッカーサー初の会見が終わった直後の十月二日。旬日をおかずして、それはマッカーサーに提出された。

「……われわれアメリカ軍は天皇に協力を求め、日本への無血侵入を成功裡に遂行した。七百万余の日本軍将兵が武器を捨て、急速に陸海軍が解体されたのは天皇の命令による。この天皇の行為によって、数十万の米軍将兵は死傷を免《まぬが》れた。戦争も予期された時日よりはるかに早く終結した。

このように、いったん天皇を利用した上で、その天皇を戦争犯罪を口実に裁くならば、日本国民はそれを信義にもとるものと見なすであろう。……もし天皇を裁判にかけるならば、日本の統治組織は崩壊し、民衆の蹶起《けっき》は不可避である。他の一切の屈辱に耐えても、この屈辱に日本国民は耐えないであろう……」

最高司令官は、もちろん、それを熟読した。

❖マッカーサーの沈思黙考

ワシントンからの、十一月三十日付の電報をうけとったとき、マッカーサーの執務室のデスクのなかには、それゆえに、このフェラーズの「覚書」が大切にしまわれていた。将軍がときどきそれを出しては読みかえし、しばし物思いにふけっているのを、側近のウィロビー少将らが認めている。

天皇の戦争責任を問い、東京裁判の被告とすべきかどうか。ワシントンがその調査の全責任をマッカーサーにかぶせてきたのは、結局のところ、かりに天皇を逮捕して裁判にかけるとしたら、それでも占領政策の遂行はうまくいくかどうか、をワシントンが問うてきたにひとしい。いいかえれば、マッカーサーが天皇なしで、日本の占領をうまくやっていける、というのであれば、天皇を逮捕し、戦犯として訴追する用意があると、ワシントンはいってきているのである。求められているのは、高度の政治的判断であり、法律的な判断などではぜんぜんなかったのである。

厚木着陸の日いらい、「神とおのれの良心」に従うことを常に基本におくマッカーサーは、ひとり執務室にあって、ひたすら考えぬいている。電報命令によれば、なんらかの〝証拠〟を収集せねばならないのであるが、まったくそんな気はなかった。証拠のようなものは、日本を知ること随一の自分の頭のなかに刻みこまれている。いまさら集める必要はない。そして、その脳裏には、電光のように、戦争の全責任を負うと淡々としていった息子のような男の顔が、しばしばきらめいて、消えていた……。

かれの敵の立場に立つ者でさえ、その大胆さ、想像力の豊かさ、多角的な天性、歴史にたいするすぐれた感覚を認めるにやぶさかではない。そのマッカーサーが過去の知識や体験のすべて、それこそ全知全能をふりしぼって考えぬいている。しかも、一方で、自分はかつて自分の判断に誤ったことはない、という大いなる自信もあった。神が、全能の神が自分を常に正しく導いてくれる……。それはまた、かれの支持者でも認めざるをえない英雄的気どり、神がかりともみえたが、それは孤独な独裁者的様相のなかの、冷静にして深い思念ともいえた。

〈天皇を戦犯として、裁判にかけたとしたら、日本人はどうするか〉

　それをさぐるために、実はこのとき、マッカーサーがときどき読みかえしていたのは、フェラーズの「覚書」だけではなかった。時を合わせたように、歴史はまことに皮肉なことをしていた。この年の十一月から翌二十一年一月にかけて、多くの日本人が「拝啓マッカーサー元帥様」と、天皇および天皇制に関する直訴状的な手紙を、数多く寄せていた。翻訳された自分宛ての投書に、一通一通、かれは律儀に丹念に目を通していた。

「近来新聞紙の報ずる所に依れば戦争責任が、上御一人《かみごいちにん》にまで波及するのではないか、とのことにて、全く事の意外に茫然自失致したのであります。何としても之を防止せなければならぬ。……上御一人に若《も》しもの事がありますれば、私共国民は生き甲斐を失います。……私の一命が御必要となれば、喜んで私の一身は差し上げます。なにとぞ私の切なる願いをお聞届け下さいませ」

「若し陛下を法廷に立つるが如き事あらば、私個人はもとよりの事、多くの日本人が歴史と伝統により蓄積されたる忠誠心、というよりむしろ信仰心により、閣下個人のみならず米国人すべてにたいし、今後永久に一大憎悪を抱き、かつ不測の事態の惹起《じやっき》を必然にして、また我々現時に生くる日本人としてハ憤死するとも、如何にして死孫《ママ》に顔向けできましょうや」

この手紙は半紙一枚に、たしかな筆致の血文字で書かれている。

「万一天皇に戦争責任なる言葉を用いらるる事となれば、日本人の血は逆流することだけは事実である」

「天皇陛下ハ我等日本人ノ生命デアリマス。我等ハ天皇ナクテハ生キテ行ケナイノデス。何卒陛下ヲ苦シメナイ様ニシテ下サイ、是レ我等日本人ノ至上ニシテ最モ切実ナル念願デアリマス」

小学生らしいたどたどしい文字のものもある。

「天皇陛下をさいばんしてはいけません。天皇陛下にせきにんはありません」

※「天皇は統合の象徴だ」

これら国民的熱狂といえるような数多い投書が、まさしく政治的決断を下すべく沈思黙考しているマッカーサーの、その机上にどさっととどけられていたのである。それも毎日毎日と。九月いらい、占領をすなおに受け入れている日本人ではあるが、その天皇観にはいささかのゆるぎはないのであろうか。天皇のために自分の生命を捧げようとは、かつての戦場での日本兵士とまるで変わっていない。マッカーサーは、天皇と国民の深い紐帯《ちゅうたい》を、あらためてそこにみた。かれは思い惑う――それと正面から対決することは、はたして正しい占領戦略なのであろうか。

マッカーサーは、自分は絶対に失敗を犯さないと信じている人間である。かれは裕仁天皇の権威が降伏後の日本にあっても、なおかつ絶大であることを知ったいま、連合国が天皇を「戦犯」として決めこみ、天皇を絞首刑に処そうといかにわめこうが、それを無視すると決心せざるを得ない。そんな主張はまったくのナンセンスであり、近視眼的といわなければならない。日本占領を血をみずに整然と実行に移すためにも天皇の権威をうまく使わないのは大間違いというべきである。マッカーサーはすべての要件を方程式になげこみ、自分なりに計算しぬいた。そして決断しようとする。

それに、政治をぬきに、裕仁天皇個人でいえば、純粋性、人間的率直さ、その精神の高貴さ、すべてがおのれの波長に合っているではないか。自分の周辺にはいないといっていいあの威厳と徳の高さを見よ、である。

そしてまた、マッカーサーは、二十年末から翌年にかけて実施されたいくつかの日本の世論調査を、きびしく分析してみた。出獄した共産党員が「最高の戦犯は裕仁なり、天皇制打倒」を叫び、進歩的学者が共和制の新憲法草案を発表しているさなか、それは思いもかけぬ数字を示しているのである。

・東大社会学研究室（二十年十二月）

天皇制支持　ただし一部改革　40％

〃　　根本改革　35％

天皇制否定　　　　　　　　　　　約６％

・読売報知新聞（二十年十二月九日）

天皇制支持　95％

天皇制否定　５％

マッカーサーは明敏に判断する。日本人には制度と個人とを区別して思考する傾向が、ほとんどない。この世論調査の結果はそれを見事に裏書している。制度への肯定ではなく、裕仁天皇個人への信任と期待というものが、この九十パーセントを超える数字となってあらわれている。

それも聖断によって「わが身を捨てて」一億総玉砕の破局から救いだしてくれたという民衆の実感によって支えられているのではあるまいか。

昭和二十一年一月二十五日、マッカーサーはついに決断を下し、長文の最終結論をまとめあげた。くりかえすが、マッカーサーは、天皇の戦争責任について実際の証拠調べや、極秘の世論調査をまったく行わなかった。するつもりもなかった。そして、決断は極東国際軍事裁判（東京裁判）が開設された三日後、オーストラリアが天皇の戦犯指名要求を伝えてきた四日後に当たっている。ギリギリの時点までこの卓越した軍人政治家は、じっと〝機〟をみていたのである。

マッカーサーは書いた――過去十年間にさかのぼり、徹底的に調査したが、天皇を戦犯として起訴するような証拠はなんら発見できなかったと。さらにつづけて綴った。

「もしも天皇を裁判にかけるなら、占領政策に大きな変更が必要であり、したがって、実際に裁判をはじめる前に、しかるべき準備を完了しておかなければならない……。天皇はすべての日本人を統合するシンボル（象徴）である。かれを滅ぼすことは国を崩壊させることになる……。日本人は、連合国の天皇裁判を自国の歴史にたいする背信とみなし、憎悪と怒りを、予見しうるかぎり長期にわたって永続させるであろう……。

天皇裁判が行われれば、すべての政府機関が崩壊し、行政活動が停止し、地下活動による混乱、山岳部および周辺地域におけるゲリラ戦による秩序不安などが醸成されることは、予想されないことではない……。これは現在とはまったく異なった占領問題を提起する。占領軍を大幅に増強することが必須となろう。最小限にみても百万の軍隊が、はかり知れないほど長年月にわたって駐留されなければならなくなろう……」

この文面には、本国政府や連合国がタバになってこようとも、天皇を渡すものか、という気迫がこめられている。天皇を裁判にかけるなら、百万人の軍隊をよこせというワシントンへの脅迫でもある。それでなくとも、占領軍総司令官としての判断には、おのずから権威と現実感と重量感があった。

これ以後は、結果として、ワシントンはそれ以上なんの註文も出せなくなる。天皇の身柄に関して、いかにアメリカ国内で意見対立があろうと、もはや討議に終止符を打たざるを得なくなった。

この激越ともいえる文章を記す前日、マッカーサーは幣原喜重郎首相と会談をして、新憲法に〝戦争放棄〟条項を入れることに合意している。そして二月三日、腹心のホイットニー准将を呼んで、憲法草案の起草を命じた。新憲法の最大の骨子は、象徴天皇制の存続と戦争放棄条項である、とマッカーサーはいった。

かれは天皇制も天皇裕仁も存続させる決意を固めていた。

3. 奇蹟の存続

❖米内海相のマッカーサー訪問

第一生命ビルに鎮座する〝青い眼の大君〟が、そのように、ギリギリの政治的戦略的な秘策をねっていようとは、天皇も側近も露知らないことであった。天皇がマッカーサーと会い、いい印象をうけたらしいが、それだってあまりあてにはならない。日本の指導層は、裕仁天皇の身柄がどうなるか、それも憂慮すべきはもちろんだが、それ以上に天皇制そのものがどうなるのか、について、きわめて悲観的になろうとしていた。GHQが何一つその件にふれないのが不気味なのである。

しかも、そのGHQは、民主化政策だけは矢つぎ早に指示してくる。十一月に入って、米国戦略爆撃調査団のきびしい聴取をうけた近衛文麿は、すっかり動転して口走った。

「もう日本の皇室はだめだ。しかし、陛下が自決されれば皇室は助かるかもしれない」

天皇側近も閣僚も、そんな近衛の言葉におろおろするばかりである。しかし、それでも敗戦国の指導者として、かれらは辛うじて立ち直った。裕仁天皇が退位されるとしても、天皇制の存続だけは、戦後の混沌たる社会に秩序を与えるための最後の防波堤ではないか。戦争と降伏とで、日本の基盤はとことんまで滅茶苦茶になっている。しかし、最後の基盤こそは天皇制なのである。天皇が、皇位にとどまるという簡単な行為により、日本は国としての本来の姿を守ることができ、そして救われるのではないか。

こうして再び内閣と側近たちは力を出して動きだした。その日本側の苦衷《くちゅう》を察したのでもあろうか、ウィロビー少将が十一月下旬に米内光政《よないみつまさ》海相に面談を申しこんできたのである。予備交渉をへて、二人が会ったのは、十一月二十五日。その折に、米内はいった。

「許されるならば、いちど元帥に敬意を表したいと思っている」

ウィロビーは「それではさっそくにも私が元帥の意向をきいて、連絡しましょう」と答えた。

会見は思いもかけず早急に実現した。翌二十六日、米内はさっそくGHQに赴いた。マッカーサーは上機嫌に、海軍の復員が順調に、しかも早くすんだことに、米内に感謝したりした。会談は四十分にわたった。そしてこのとき、帰りぎわの扉のところで、米内が突然のように尋ねたのである。口の重い米内もかなり思いつめていった。

「終始気にかかっていることだが、天皇陛下の御地位について、元帥はどういう考えをもっておられるか」

足をとめたマッカーサーは、不意の、微妙な質問に、別に驚く様子もみせずに、明快にあっさり答えた。

「自分は天皇の地位について、これを変更するという考えは全然もっていない」

これは朗報ではないか。直接に耳にした米内の喜びも大きかったが、伝え聞いた者たちの喜びと安堵は、尾ひれがついていくだけに、より大きくなった。この一言によって「天皇制」についてはは安泰が保証されたも同然ではないか。

そしてその後、昭和二十一年に入り、新憲法の制定作業が進むにつれて〝象徴〟という形で、天皇制が維持されることがますます明確となっていった。となると、もう一つの欲が出てくる。裕仁天皇の身柄について、である。

しかし、その点については、なおはっきりつかめなかった。さまざまな情報は、裕仁天皇個人が東京裁判の法廷にひき出されるのではないか、という危惧をますものばかりであった。〝陛下ご自身が、戦争犯罪人として問責されることはよもやあるまい〟との見通しは、なんとはなしに側近や閣僚たちも抱いているが、それとても希望的観測にほかならない。万が一ということもある。

それに、戦争犯罪に問われなくとも、証人または参考人として、法廷に出頭を命ぜられるのではないか。陛下ご自身がきびしい連合国の追及の眼にさらされることは、なんとしても阻止したい。かれらの憂慮と傷心はなお消えることなくつづくのである。

◈「自由を喜んでいる」

天皇はそのころ、そうした周囲の気苦労も知らぬげに、昭和二十一年一月一日、「人間宣言」の詔勅を出し、二月十九日の神奈川県下を皮切りにして、地方巡幸の旅に一途《いちず》に身を挺していたのである。この地方巡幸も、GHQの指示によるものとされている。しかし、基本的には「敗戦でうちひしがれている国民を激励し、国民と日本再建のための労苦をともにしたい」という天皇の強い希望によるものでもあった。

そして、この天皇の地方巡幸は思いもかけぬ結果をもたらしていた。はじめにGHQが意図した〝天皇をできるだけ栄光ある公僕たらしめよう〟という狙いは、旅を重ねるたびにどんどん裏切られていった。どこへ行っても、日本民衆は最大の熱狂をもって天皇を歓迎したのである。

GHQの眼には、民衆が、天皇にたいし幻滅の悲哀や怒りを感じるかわりに、かれらはいまや天皇の世話をひきうけ、天皇を守ろう、ということに汲々としているように映った。そして当の天皇自身は——同行した米人記者があきれたように報じている。

「ヒロヒト自身は、占領政策によって与えられた、より大きな自由を喜んでいるという感じであった。〝民主主義〟を絶叫する政治家たちよりも、天皇のほうがよほど熱心に、国民たちの間を飛びまわっている」

いちいち報告をうけながら、マッカーサーは遠くにあってこの様子を眺め、いよいよもって一月下旬のおのれの決断の正しかったことに、確信を深めていった。天皇個人をかりに処断したとしても、敗戦の虚脱のなかで、日本国民はさしたる抵抗なしにうけいれたかもしれない。後世にはそんな批評をする愚か者も出るであろう。しかし、それよりもアメリカの国益の実現は、天皇および天皇制を存続させることによって、よりよく貫かれるというおのれの判断こそが正しく、唯一絶対のものであったのである。

マッカーサーは、連合国の頭の悪い連中やワシントンの理論家たちと違って、日本人の国民感情の機微を適確にとらえていると、心からの確信をもっていた。天皇を守ろうとしてバンザイを叫びつづけるこの日本の民衆を見よ。天皇こそは民主化という占領目的を達成するための最強の協力者なのである。裕仁天皇にかわる存在を、マッカーサーはもう考えられなかった。

こうしてマッカーサーからの自信にみちた脅迫に近い電報報告をうけ、東京裁判における天皇不起訴を、連合国十一カ国で構成する極東委員会が秘密決定したのは、四月三日のことである。たしかに象徴への衣替えはあったが、天皇制も裕仁天皇その人も、この瞬間に、ともに無傷で生きのびることが決定されたのである。当時の日本の支配層すらが、天皇の交代はやむをえまいと観念していたことからいえば、それは奇跡に近い逆転、といってもいいであろうか。

七月二日のマーク・ゲインの『ニッポン日記』には、実におもしろいことが書かれている。その少し前に、ワシントンから最高機密指令がマッカーサーに発せられてきたというのである。その命令の主旨は、

「天皇制にたいする直接の加撃は、民主的要素を弱め、反対に共産主義ならびに

軍国主義の両極端を強化する。ゆえに総司令官たる貴官は、天皇の世望をひろめ、かつ人間化することを極秘裡に援助せよ。

以上のことは日本国民に感知されてはならない」

というものだった。

もしこれが事実とすれば、はじめから天皇裕仁を援助し、その協力を求めるつもりだった総司令官マッカーサーは、さぞかしくすぐったい思いを味わったことであろう。そしてこの命令を読みながら、思わずニヤリとしたにちがいないのである。

日本国民にはまったく知らされることのなかった歴史の裏ばなしということになるが。

第五話

本間は断罪されねばならぬ

昭和21年2月11日、
マニラ軍事法廷で死刑判決を受ける本間雅晴中将。
同年４月マニラで刑死（銃殺）。

1. 勝者は敗者を裁く

敵といふもの今は無し秋の月――虚子

まだかなり多くの日本人が、忘れようとして忘れられない、あの、暑い夏がまた訪れてくる。

しかし、あの占領下の時代、すなわち「マッカーサーの日本」の時代が、良かれ悪しかれ戦後日本の鋳型《いがた》をつくったことは、昭和史を探偵する上で永久に見過ごすことはできないのである。そして、〝戦後〟の余波が日々新たな問題をいまも提起している。

❖マッカーサーの最初の命令

厚木基地から横浜までの、ほこりっぽい道の両側には、三万を超える日本兵がずっと立っていた。かれらは道路に背を向け、完全武装のままに、ほとんど一メートルおきに休めの姿勢をとってえんえんと並んだ。

　かつての敵兵に守られながら、自動車の長い行列は道の真ん中を進んだ。行列の主人公は連合国軍最高司令官ダグラス・マッカーサー元帥である。かれの眼に映じた敗戦日本の姿は――のちに自身が書いているように「国土と国民がこれほど完膚なきまでに壊滅させられた国は、史上その例をみない」というものだった。いまその国に君臨する。そしてこの国を民主国家につくりかえる。その重大な任務を、かれは「軍神《マルス》から老兵に贈られた最後の贈物である」と、心の奥底でひそかに楽しんでいた。

　一九四五年（昭和二十年）八月三十日のことである。

　横浜のホテル・ニューグランドについたマッカーサーは、すぐにエリオット・ソープ准将を呼ぶと、口頭で命令した。

「東条を捕らえよ。嶋田《しまだ》と本間もさがせ。そしてそのほかの戦犯のリストをつくれ」

ＣＩＣ（対敵諜報部）の司令官ソープ准将は、カンのよさと行動の迅速さによってマッカーサーのおぼえ目出たい軍人であった。対米開戦時の首相東条英機大将、同じく海相嶋田繁太郎《しげたろう》大将の二人とならんで、本間の名があることに、この尊大な最高司令官の胸中にあるものを准将はとっさに悟った。日本進駐第一日目の、それが支配者マッカーサーの下した最初の命令であったのである。

三日後の九月二日、米戦艦ミズーリの艦上で、日本の降伏調印式が終わったあとに、マッカーサーは記者団を前に語った。

「表現の自由、行動の自由、さらには思想の自由までもが、迷妄を利用し、暴力に訴えることにより否定された。われわれは、日本人民がこの隷属《れいぞく》状態から解放されるのを見届ける義務がある」

さらにこうもいった。

「私は連合国軍最高司令官として、私の代表する諸国の伝統にもとづき、私に課せられた責務を公正と寛容の心ではたす決心であることを、ここに宣言する」

このとき、この荘重な演説を読みあげるかれのうしろには、連合軍の二人の将軍が立っていた。一人は開戦五カ月後にフィリピン諸島コレヒドールで降伏したウェインライト少将、もう一人はシンガポールを明け渡したイギリス軍のパーシバル中将である。いまや勝者と変わったこの〝敗軍の将〟二人こそが、マッカーサーがその長い軍歴のなかにはじめて味わった屈辱の象徴、でもあったのである。

マッカーサーは、一方では寛容を示して理想を語った。しかし、その一方で二人の将軍に象徴されるおのれ自身の敗者の汚名を、払拭《ふっしょく》する決意をそこに示した。つねに歴史を意識する軍人は、おのれの敗北のかけらをも歴史に残しておきたくはなかった。

それゆえに、日本のかつての指導層にたいしては〝正義〟の裁きを行うべく、マッカーサーは占領業務という激務に追われながらも、ただちに必要な処置をつぎつぎにとるのである。そこには〝寛容〟の力の字もない。ワシントンは、かれの強い要請にもとづき、戦争犯罪容疑者を裁くための特別国際裁判所の設置と、その審理規定を定める権限のすべてを、マッカーサーに与えている。

そこでマッカーサーは、アメリカ太平洋陸軍総司令部のなかに、もう一つのオフィスである法務部戦犯課を設置した。かれは、A級に入らない戦犯の調査と裁判を、この課でやらせることとした。横浜とマニラに分課をおき、そこで行われる裁判の司法官は、すべてかれが任命する米陸軍将校にかぎると決定する。こうして、ひとりかれだけが敗戦国を裁くための絶大な力をもった。

マニラに分課をおいたことで、マッカーサーの意思は明白になっている。

それは〝第二の故郷〟ともいうべきフィリピンでの、日本軍がおかした戦争犯罪を裁くことにある。もっとはっきりいえば、二人の人物にたいする裁判に、最大にして緊急の眼目があったのである。

その二人とは――山下奉文大将と本間雅晴中将であった。

❖「デス・マーチとは何なのだ？」

山下大将を逮捕することは、米軍にとってまことに容易であった。げんにフィリピンのルソン島の山中で籠城《ろうじょう》しながら、米軍と交戦をつづけてきた日本軍の総司令官であるからである。

九月三日、山下は山をおり降伏した。

本間中将のほうはそれほど容易にはいかなかった。緒戦において、比島攻略の武勲もあり、天皇から勅語も賜わったほどの将軍でありながら、昭和十七年（一九四二年）八月に予備役となり、いらい市井《しせい》に埋もれていたからである。その名はまったく消え失せていた。しかしＣＩＣはやがてその存在をつきとめた。

だが、ソープ准将は慎重の上にも慎重になった。九月十一日、逮捕直前に東条元首相が自殺をはかるという事件が起きた。マッカーサーは、その報告をうけたとき、

「全力をつくせ、死なせてはならんぞ」

ときつく命令した。

ソープ准将は自決の波のひろがるのを恐れた。とくに東条、嶋田、本間の三人のうちのだれ一人として、死なせるわけにはいかなかった。マッカーサーの怒りが目にみえるようである。そこでわざわざ日本人記者団を集めて声明を出した。

「自殺をするのは、罪の意識があるからなのであろう。そうでなければ、死を選ぶはずはない」

名誉を重んじて死を急ぐ、日本の武士道精神を知りぬいていて、ソープ准将はその逆をついたのである。

しかし、元中将本間雅晴には自決の気持など毛ほどもなかったのである。祖国の敗北はすでに遠く前から予言すらしていたことである。かれは駐在武官として永くヨーロッパに住み、日本を世界の国々の一つとして客観視できる眼をもった軍人である。それに、罪の意識とも無縁であった。だが敗軍の将として、ポツダム宣言に書かれているように、裁きの庭に立つこともあるかもしれないとの予感は抱いていた。

八月十五日の天皇の玉音放送の終わったあとからただちに、本間は書斎にこもり、くる日もくる日も備忘録ともいうべきものを書きつづけた。かれは英文でそれを綴った。表紙には〝My document〟と記したが、裁判所へ出るさいの準備のつもりであった。

九月十二日、なすべき作業をすませた本間は、老いたる母をたずねて故郷の新潟県佐渡に渡った。亡父の墓参ということが一応の理由だったが、つきそった夫人富士子には〝長のいとまごいのため〟という印象がどうしても消せなかった。

九月十四日、本間の乗った船が新潟港に入ったとき、夫妻を出迎えたのはまだ学生であった十五歳の三男である。そのかたわらに私服の特高（特別高等警察）刑事二人が立っていた。

「閣下、申し訳ございませんが、アメリカ軍総司令部の命令で伺いました」

一行の列車が翌朝七時に上野駅のホームに入ったとき、本間は、待ちうける米人記者の数に驚いた。かれらは口々に質問したが、そのなかにしばしばデス・マーチという言葉がはさまっていた。富士子には、本間がその言葉に解せないという顔つきを見せているのが、よくわかった。

小石川の自宅に戻り、夫人が軍用行李《ごうり》にひと通りの手廻り品をつめていると、本間がひょっこり入ってきて、一言いった。

「バターンの死の行進というのが私の訴因だということだよ」

やがて午後一時になって、元中将本間はイギリス仕立てのグレーの背広姿で、家族や知人に送られて、車中の人となる。

「これもご奉公だと思う。消極的ながらもお国に対するご奉公だ」

見送る人はだれもが、すぐ帰ってくるものと考えていた。しかし、その後姿が、本間を日本で見る最後のものとなった。

❖勝利の完成するとき

起訴状には、四十三項もの罪状があげられていた。十二月九日、巣鴨刑務所でそれを見せられたとき、本間は愕然となった。

いわく――本間は比島作戦の緒戦時において、アメリカ人が斬首されることを許可した。バターンで米比両軍の捕虜を「死の行進」にさらすことを認可した。マニラ市が無防備都市を宣言したのに空爆し、砲撃した。第二野戦病院を砲撃した。本間はその兵が捕虜を銃剣で刺殺することを許可し、日本軍将校の一団がフィリピン人家族を惨殺することを許可した。本間の第16師団はフィリピン人少年十六名を銃剣訓練に使って殺した……。

そしてこの日、本間は、山下奉文がマニラの法廷で絞首刑の判決をうけたことを聞いた。

四日後、本間は背広で、コートとトランクをもって、巣鴨からフィリピンに向けて日本を発った。そしてマニラから数十キロ離れたロスバニオスの戦犯収容所に入れられ、数日にわたってきびしい訊問をうける。調査官、検察官らは、はじめから有罪、そして極刑ときめてかかっているように、憎しみを燃やして質問した。

被告の本間は知るよしもなかったが、これこそは正真正銘の〝マッカーサーの裁判〟であったのである。フィリピンにおける日本軍の残虐行為にたいし、その責任者を裁くというのが、フィリピン人にたいするマッカーサーの公約であった。形の上では、西太平洋陸軍司令官スティヤー中将に裁判の進行は委任されていたが、五人の裁判官と六人の検察団はマッカーサーみずからが選びだした。しかも将官五人で形成される裁判官たちは職業軍人であり、いまやアメリカ陸軍随一の権力をもつ人物の意思に、背くことなど考えるはずもなかった。だれもが自分の前途を気にせねばならないのである。うち一人は、山下奉文に有罪判決をいい渡したばかりの軍人である。

そして検察団には、いずれも刑事訴追のベテランの将校が集められた。かれらは首席検察官ミーク陸軍中佐の指揮のもと、本間訴追のための証拠集めに十分な時間と自由が与えられた。

これにたいしてステイヤー中将によって選ばれた四人の将校による弁護団は、うち三人が刑事裁判に経験のない者ばかりとなった。ただ一人が陸軍法務部からの任命で、ほかは主任弁護人が歩兵、ほかが野戦砲兵、航空の各部隊からそれぞれ任命されてきた。それでなくとも非力な弁護団には、公判開始まで、調査や反証収集などにわずかな余裕しか与えてもらえていない。

マッカーサーは、これだけでもまだ安心できなかったのか、この軍事裁判所がしたがうべき刑事訴訟手続きを、かれ自身が作成した。また、証拠調べの手続きにおいても、守らねばならない条項をも、すべてをみずからが定めた。つまりは、米陸軍が定めた軍法会議の訴訟手続きも、通常の刑事訴訟手続きも、この裁判においてはぜんぜん関係ないことになった。

マッカーサーの「特別宣言」第十三条は、明確にうたっている。

「迅速かつ適当の手続きを、最大限に採用かつ適用し、本裁判所が証明力ありと認めるあらゆる証拠を受理するものとす。被告のなしたる容認もしくは陳述は、すべて証拠として受理することができる」

わかりやすくいえば、マッカーサーの意思に沿うなら、なんでもやってよろしい、ということである。

本間には逃れる道などはじめからなかった。だが、本間は公判がはじまるまでそれを知らなかった。自分を告発する理由が不思議でならなかった。比島では、だれよりも善政を布《し》いたつもりであった。それが柔弱だとして大本営からきびしく叱責をうけたほどである。また、自分は陸軍きっての親米英派であり、それと戦争することに反対した男なのである。シェイクスピアを好み、コナン・ドイル、ゴールズワージー、バーナード・ショウなどを愛読し、英語で詩をつくったりした。軍人らしからぬ女々《めめ》しい行為だとして、陸軍中央からはずっと軽蔑の目でみられてきた……。

獄中でおのれの生涯を顧みればみるほどに、本間には、告発された四十数項の罪状が、何かの間違いと思えたに違いない。「死の行進」とはいったい何のことなのか。

そう思いつつも、軍人として本間はある種の理解を抱いたことも、確かなことのようである。それは敵将マッカーサーにとって、その長く輝かしい軍歴のなかで、最大の汚点はフィリピンでの敗戦と逃亡であったろう、ということである。その男が勝者と立場の変わったいま、軍人としてこの屈辱は晴らさねばならぬのであろう。そしてそのときの敵将はほかならぬ自分なのである。

2. 死の行進の真相

◈マッカーサーの失策

それにしても、あの緒戦の比島攻略をめぐっての戦闘が、はたして自分にとって、もっとも輝けるときであったかどうか。マッカーサーにとって許しがたいほどの屈辱であったかどうか。本間は、かすかな失望感のなかで、はげしかったフィリピン進攻の戦いを想い出さざるを得なかった……。

されど、敵将本間が想像したであろう以上に、太平洋戦争の緒戦におけるマッカーサーの絶望と怒りと屈辱は、底知れぬほど深いものであったのである。

開戦前夜の一九四一年（昭和十六年）十二月、比島防衛のためにマッカーサーの指揮する米比連合軍の兵力は十五万を超えており、そして最新鋭の航空機による大兵力を誇っていた。なによりもマッカーサーはきわめて楽天的な戦略観を抱いていた。日本軍による攻撃は一九四二年四月までないであろうとの確信である。そのときには兵力が予定の二十万になる。だからその時点で日本軍が攻撃してくれば、ものの見事に海岸線で比島全域を防衛してみせる。防衛が成功した暁《あかつき》には、重爆撃機による日本空襲を敢行し〝紙の都市〟を消滅させてしまうことであろう……。

ところがワシントンは、ルーズベルト大統領を中心に、比島からのこうした報告をうけとっていながら、状況についていっさいをこの尊大な将軍に知らせようとはしなかった。対日開戦が切迫していること、そしてもし戦争となればグアム、ウェーク島と同じように、フィリピンをも日本に明け渡すことを戦略的に余儀なしと決定していること。つまり太平洋では純然たる防衛を基本的な前提とした。イギリスと協同して、当面の、叩き潰さねばならぬ最大の敵はドイツ、そしてイタリアであった。

残されている史料を見れば、マッカーサーは日本軍の真珠湾攻撃に茫然自失したままであった、としか考えられない。名将の名が泣くというものである。つぎの目標が確実にフィリピンとなることはわかっていたにもかかわらず、十時間近く、かれは防衛の手を何も打とうとしなかった。

十二月八日正午ちょっと過ぎ、日本の戦爆連合の大編隊が突然、クラーク、イバの両飛行場を攻撃してきた。空中における抵抗がなかったため、日本機はあっという間にクラークの爆撃機Ｂ17十八機全部と、クラークとイバの両方にあった七十二機の戦闘機Ｐ40のうち五十三機を地上で撃滅した。ただの一撃で、マッカーサーが自慢していた空軍力は実質的に撃砕されたのである（日本軍の喪失は戦闘機七）。

これでマッカーサー軍は進攻するであろう日本の輸送船団を爆撃し、潜水艦部隊に上空からの情報を与えてやる能力は、完全に吹きとばされてしまった。

皮肉をいえば、偉大な指導者や軍人というものはすべて、本質的に、自分の誤りを認めようとはしないものである。ましてや自分に誤りなしと思いこむことではずば抜けているマッカーサーである。それが致命的な失敗であればあるほど、非を認めることは自尊心が許さない。戦後の『回想記』には、だから、かれはこう記すのである。

「十一時四十五分に、圧倒的に優勢な敵機の編隊がクラーク飛行場に迫りつつあるとの報告が入った。わが軍の戦闘機はすぐ離陸して迎え撃ったものの、爆撃機の離陸は遅れ、莫大な損害を被ってしまった」

これでは、自己正当化もきわまれり、と評したらいいことになる。

しかも、その後の危機と向かい合った二週間を、マッカーサーはとりとめもなく消費している。日本軍の先遣部隊が北部ルソンの上陸に成功しており、南部ルソンにも三個大隊が橋頭堡を固めた。しかし、かれは日本軍主力の上陸作戦を阻止できるとの、すでにたててあった作戦に固執していた。まだ戦略戦術の転換を決定するまでには戦局は進展していないと、自信と楽観のなかに身を沈めた。

しかし、この時点で冷静かつ慎重に戦略戦術を検討していたら、すでに断固海岸線で死守という壮大な計画を捨てねばならぬときであったのである。かれがもしそうしたならば、バターンに食糧弾薬を貯蔵し、強力な防衛態勢を布くだけの、十分な時間的余裕がもてたことであろう。そしてまた、そうしていたら、のちの「死の行進」の悲惨はかなり防ぐことができたのである。

マッカーサーは自分の立案にゆるぎない自信をもつ軍人であった。むしろ信念に陶酔する男であり、これまでの生涯に〝敗北〟の二文字がなく、常に神の加護があると確信する人物であった。マッカーサーは決して銃を捨てようとは思わなかった。海岸線での圧倒的勝利を夢想した。が、これはまったく非現実な作戦となり、結果は悲劇的であった。

十二月二十二日午前二時、本間雅晴中将の率いる歴戦の主力日本軍部隊三万余が、マニラの西北方リンガエン湾に敵前上陸した。さらに七千の日本軍がマニラの東南ラモン湾に上陸した。装備が悪く、訓練も不十分のフィリピン兵は、海岸線死守どころではなかった。恐怖のあまり銃を捨て、山に向かって逃走してしまった。

マッカーサーは終生、敗因は多勢に無勢であったと主張する。しかし、少なくとも数の上では米比軍の兵力は日本軍のほぼ二倍であったのである。

マッカーサーの信念もプライドも微塵に砕け散った。想像もしなかった完敗である。フィリピン兵の戦闘素質に絶大なる信をおいたおのれを呪った。そして「敗軍の将」たることをマッカーサーはひとり拒否しつづけるほかはなかった。

◈「本間は何を考えているのか？」

これにたいして進攻した本間中将の作戦は、大本営の作戦指示どおり、きわめて明確なものであった。リンガエン湾とラモン湾の両方から強力な二つの鋏《はさみ》をつくる。これでマッカーサー軍をマニラか、マニラ北方の平原で挟撃、殲滅しようとする。

戦況は予想以上のスピードで、日本軍の断然たる有利のままに展開していった。さしたる抵抗もなく、疾風野を捲《ま》くがごとくに日本軍は南北からマニラへ向かって進撃した。予期していたマニラ北方での決戦もなく、十二月三十一日には一部の部隊がマニラ市の北方地区に突入した。この日、マニラ市内には煌々《こうこう》と電灯が輝き、灯火管制などまったくしていないとの報告を、本間中将はうけとっている。

状況がここに至って、頑強に抵抗するはずのマッカーサー軍は追いまくられ、やむなくバターン半島に立て籠《こも》るであろうことが、本間司令部の幕僚たちの眼にも明瞭になってきた。日本軍の現在の展開位置からすれば、バターンへ向かう敵の撤退路を遮断することによって、マッカーサー軍を無防備のまま孤立させ、容易に降伏させることも可能と考えられた。しかし、そうすることは、首都マニラをまず占領し、以後島内の要地を占領すべし、という大本営の作戦命令に違反することになる。

本間中将にとって、十二月二十五日から三十一日にわたる一週間は、作戦の運命を決する緊要なときとなった。偵察機からは、四百輛以上の自動車がバターンへ逃避中との報告も入る。また麾下の土橋勇逸《つちはしゆういつ》師団長も「マニラ市突入は一部の兵力とし、主力はバターン攻撃に向けるべきだ」と意見具申してきた。もし間に合わなければ、カルムピットの橋梁を空から爆破することで、敵のバターン集結を阻止できる。そこはマニラからバターンへ通じる道路と、ルソン北方からバターンへ通じる道路とが合《がっ》する最重要地点である。

しかし本間中将は、大本営の命令どおり、一路マニラ占領を主目標とした。渡された作戦要領には、米比軍のバターン半島での抗戦については、ただの一行も書かれていない。参謀本部の戦略観は首都を占領すればイコール降伏、という旧式思想にとらわれていた。そして本間が、それを忠実に守ろうとした背景には、つぎのような悲劇的なエピソードがあったのである。

その年の十一月十日のことであった。比島方面攻略軍の軍司令官に任ぜられた本間は、参謀総長杉山元大将から直接に作戦命令をうけた。このとき、杉山は「上陸後五十日以内に首都マニラを占領すべし」といった。本間は考えながら、

「五十日以内といわれるが、それはどうやって算出された日数でありますか」

と率直に問い返した。一瞬、躊躇《ちゆうちよ》して杉山は答えた。

「参謀本部が割り出したのだ。これが研究の結論である」

「しかし、何を基礎に割り出されたのでありますか」

と本間はさらに押してでた。

「敵兵力、配置、装備など完全な情報がとれているのですか。それになぜ私にわずか二個師団しか配備されないのですか。二個師団で十分であると、誰が決定したのですか。敵の戦力もわからず、それでいて、二個師団で五十日以内にマニラ

を陥《お》とせと本官に命令されるのは、まったくの不合理であります。お約束は困難です」

怒りを顔面いっぱいにあらわした杉山がいった。

「貴官は軍司令官に任命されたことが不服なのか。ともかくこの日数は決定ずみである。これは命令である」

のちになって杉山は幕僚の一人に吐き棄てるようにいった。

「本間という男は！　与えられた任務にたいし栄誉をこそ感ずるべきである。それがあの女々しい質問とは。いったい何を考えているのか」

戦争直前のこの挿話は、本間の人となりや思想をよく語っている。狂信的な、一本気の単純な軍人の多かったなかで、かれは稀にみるほど合理的な考え方をする視野の広さをもっていた。しかも、かれは対米英開戦に反対の数少ない陸軍軍人の一人でもあった。それだけに対米強硬派にかつがれた杉山には、本間にたいする信頼も薄く、本間任命に反対の声が陸軍中央には多かったのである。

「文人」的ではあったが、文弱ではない本間は本間で、さすがに自分の立場を心得た。責任の重大さに圧倒される思いをこらえ、任務遂行せずんば已《や》まずの信念を強く固めた。それが日誌の第一ページに書かれているように「敵の首都を攻略する事のみに全精神を集中……」という決意となってあらわれた。頭に「マニラ」の名は深く刻みこまれ、「攻略」の二文字がキリのように本間の心を刺していた。

だから作戦の岐路に立ったとき、本間がマニラ攻略を第一義としたのには、杉山総長との厳しいやりとりが強い影を落としていた、とみることができる。

結果的には、この決定がマッカーサーを救ったことになる。カルムピットの橋を米比軍の最後の部隊が通過したのは、一月一日の夕刻、そして橋は日没とともに、米比軍の手によって爆破された。

❖バターン「死の行進」

その翌日の、一九四二年（昭和十七年）一月二日、マニラ市は陥落した。

本間は、これで作戦は終わり、あとは残敵を掃蕩《そうとう》しつつ、占領行政をうまくやりフィリピン民衆の対日協力を確保すべきである、という前田正実《まえだまさみ》参謀長の意見を喜んで採用した。しかし戦闘は終わっていなかったのである。バターンに集結した八万の米比軍は、掃蕩のために向けられた日本軍の第一次攻撃を容易に撃破してしまった。マニラ占領で作戦終了との大本営の判断もあり、最精鋭師団がジャワ攻略に転用され、寡兵《かへい》となっていた本間軍は驚愕した。

戦いは苦戦をきわめた。一月三十一日、比島攻略予定の五十五日目に当ったが、第一次総攻撃は失敗し、バターンの米軍はなおも強力に抵抗していた。二月八日、大本営は本間軍のバターン攻略遅延を天皇の名で督戦してきた。「陛下は貴軍の作戦状況に大変憂慮しておられる。何をぐずぐずしているのか」という意味の電報を前に、本間はひとりむせび泣いたという。本間の胸中には勝利感どころか、屈辱と不満と怒りと、〝われ誤てり〟の悔恨で身を焼く思いのみがあったのであろう。

しかし、再度の英国駐在武官などで育《はぐく》んだかれの合理性と、陸軍大学校優等卒の知性とが、寡兵による無理な攻撃は部下を犬死させるだけと判断していた。

「このまま攻撃を続行するも成功の見込み少なくかつ更に重大なる犠牲を覚悟せざるべからず……新作戦を案ずるの時を賜わらんことを、血涙の無念をもって懇願す」

大本営に打った電報の〝血涙の無念〟の一語に、無限の想いがこめられている。

しかし参謀本部は激怒した。「敵のいないマニラ占領なら子供でもできる」「文化的将軍とかインテリとかいうやつはやっぱり駄目だ」と非難の声が渦をまいた。もはや本間の指揮に期待をかけようとはしなかった。杉山は本間の罷免をはかったが、軍司令官の任命は天皇の親任である以上、いきなりの更迭は聖慮にたいする批判ともなる。やむなく本間はその地位にとどめることとするが、参謀長と作戦参謀の更迭を通告、さらに以後の作戦計画のいっさいを参謀本部でたて、辻政信《つじまさのぶ》中佐を派遣し、本間司令部をさしおいて指揮をとらせる、という強硬な措置をとってきた。あとの作戦はすべて東京がやる、という本間無視の処置である。

そして兵力を増強、火砲三百門、飛行機百二十八機をそろえて、事前の訓練も十分に総攻撃をかけることとした。作戦は後任の参謀長和知鷹二《わちたかじ》少将と辻参謀によって進められ、本間は「床の間の掛軸」的存在でしかなくなっていた。

バターンは四月九日に陥ちた。むしろあっけないといえるほどの戦闘ののちに、米比軍は降伏を通告してきた。

だが、このとき――バターンの奥深く入った日本軍が驚いたのは、そうした反撃の弱さよりも、四万人足らずと推察していた残存敵兵力が七万六千人もいたことであった。食糧を食いつくしたあとで、飢餓とマラリアにやられ痩せおとろえ、目は落ちくぼみ、鬚は伸び放題の兵が、ジャングルのなかからぞろぞろと出てきた。つまり、敵の降伏は空腹に耐えられなかったことによる。それればかりではない。どこかに避難していた非戦闘員の難民二万六千人が合流し、十万以上の人間が野山に溢れでた。

本間は、降伏にともなう捕虜の取扱いと輸送の兵站《へいたん》については、すでに万全の処置を講じてはいた。そして命令書には、全捕虜を友好的に扱うように指示した。部下が万端遺漏なきよう監督してくれるものと確信をもっていた。そして本間は全勢力を、コレヒドールのウェインライト軍攻略戦にふり向けていた。「死の行進」とは、バターン攻略のすぐあとに起こった惨事である。コレヒドール攻略戦を前に、準備や防諜上からも、また米比軍の砲爆撃によって傷つけないためにも、捕虜たちを現地にとどめてはおけない。しかも降伏が早かったため捕虜輸送の準備をする余裕もなかった。それにあまりの数。いきおい捕虜たちを食糧や収容所のあるサンフェルナンドまで、徒歩行軍させるほかはなくなった。その距離六十キロあまり。

しかし捕虜の全員が栄養失調で、さながら生ける骸骨にひとしかったのである。はじめから状況は絶望的であった。食糧は足りなかったし、医薬品も衣服も不足していた。こうして歩きながら捕虜たちは死にはじめた。その数三千とも一万ともいう。しかし、のちの裁判のときの、多くの証言が示すように、捕虜のうけた扱いは場所によって劇的ともいえるほど違っていた。ある兵隊は医療をうけ相応に食べ、笑顔の日本兵から煙草をもらった。その五百メートルうしろでは、ある兵が殴り倒され、銃剣で突き殺されていた。

こうした残虐行為に直接関与するような命令を発したものが、実は軍司令部内に存在したのである。バターン攻略戦で戦った第141連隊長今井《いまい》武夫《たけお》大佐は、ある日、兵団司令部付参謀と名乗る〝正体不明〟の将校から電話をうけている。その参謀は今井に、

「これからの作戦の邪魔になる。捕虜全員と投降してくる者は全員射殺せよ」

とはっきり命令した。今井が拒絶すると、参謀は大本営命令であると大声で叱咤した。今井は再度拒絶して電話を切ったが、その声の主がだれか、ふとわかる気がした。

同じように正体不明の参謀からの電話命令を、第10独立守備隊長の生田寅雄《いくたとらお》少将もうけている。もちろん、生田もそんな大本営命令が出るはずはないと信じようとしなかった。が、この命令に何人の指揮官が従ったか、それは今日もわかっていない。命令したのは誰あろう、辻政信参謀であった、というのであるが、確たる証拠はない。

❖「われわれは復讐を要求する」

最後の拠点だったコレヒドール要塞も、五月六日に陥落した。ウェインライト少将は白旗をあげて、本間の軍門に降《くだ》った。

それよりほぼ二カ月前の三月十一日、ルーズベルト大統領からの「比島を脱出しオーストラリアへ移るように」の命令にしたがって、総司令官のマッカーサーは魚雷艇に乗ってすでにコレヒドールを去っていた。そしてミンダナオ島で飛行機に乗りかえ、十七日には安全なオーストラリアの土を踏んでいる。

この日、マッカーサーは新聞記者にかこまれていった。

「大統領は私に、日本軍の前線を突破するよう命じた。私の理解するところでは、それは日本にたいするアメリカの反攻を組織するためであり、その主たる目的はフィリピンの救出である。私は危機を切りぬけてきたし、私はかならず帰る」

〝逃亡ではなく、敵の前線突破である〟といいだしたところに、実にマッカーサーらしい見栄の張りようがある。敗軍の将にあらず、攻撃軍を組織するために、大統領命令にしたがい戦場を突破してきたのである。それはまさにおのれを納得させる言葉でもあったろう。かれは苦心に苦心を重ねてこういったのであるが、有名になったのは最後の「アイ・シャル・リターン」であるのは、なにか皮肉が感じられる。

　ともあれ、マッカーサーは自分が敗軍の将になることを認めたくはなかった。だから、安全な遠隔の地から、病み、傷つき、いたるところに倒れ伏している部下に囲まれ、苦しい決断に迫られているコレヒドール島のウェインライトを、なおも強引に指揮した。

「降伏は絶対にしてはならない。やがて救援に赴く」

　しかし、どんなに勇気と闘志にみちた言葉であろうと、日本軍の猛攻撃下に気息えんえんとなっている将兵には、なんの慰めにもならなかった。そしてどれほどマッカーサーがうぬぼれが強く、利己主義的であるかを、将兵たちはあらためて想い起こすのである。

ウェインライトはついに部下を全滅させることを拒否し、降伏を決意した。この報にマッカーサーは激怒した。ワシントンにあてて打電し、おのれの怒りをぶちまけた。

「ウェインライトは一時的に精神の安定を失い、そのため敵につけいられ利用されたものと信じている」

誇り高い軍人であるがゆえに、敗北の苦汁をなめることなど、到底できることではなかった。しかし、新聞記者にはさすがに見栄ばかり張ってはいられなかった。結果的には多くの部下を見捨てて殺すことになった責任を感じざるをえない。

「私はこれからも、最後の弾丸の、血なまぐさい薄煙をすかして、不気味な、痩せ衰えた、幽霊のような、しかし少しも恐れている様子のない部下の兵たちの幻を、ずっと見つづけることであろう」

それだけに、二年後の一九四三年（昭和十八年）の半ばごろに、バターン半島でなにが起こったかを知ったとき、マッカーサーは単なる憎悪以上の、深く心に期するものを抱いたのである。このとき、フィリピン人ゲリラに助けられた三名の将校が、収容所をぬけだし、海岸にたどりついて潜水艦にひろわれた。そのうちの一人が「死の行進」に加えられていた。そして生命《いのち》からがらマッカーサーの司令部にたどりついた。

この将校が語ったことは約半年のあいだ伏せられていたが、一九四四年一月下旬、全米の新聞はいっせいにトップでこれを扱った。「死の行進」とは新聞による命名であったのである。新聞は書いた。

「われわれは復讐を要求する！　バターンの残虐行為にたいし責任をもつ日本人を罰することを要求する」

そして国務長官ハルが「バターンの犠牲者の仇《かたき》はいつの日にか、かならずとってやる」と約束した。

また、マッカーサーはいった。

「私はバターンに帰って指揮をとりたいと、マーシャル参謀総長にいったが、許されなかった。私は以前から食糧や弾薬が尽きた場合の処置について、包括的な計画を準備していた。だから私がいって指揮をとっていたら、降伏後のあの恐るべき〝死の行進〟は、絶対に起こらなかったであろう……」

これは明らかに見えすいた嘘である。勝利を確信しすぎていたマッカーサーが、ぐずぐずと一日のばしに実行を遅らせていたばかりに、食糧や薬品や弾薬のバターンへの輸送が不可能となってしまったのである。計画ではバターンでは四万三千人にたいする六カ月分の食糧があることになっていた。しかし、いざとなったらバターンには四万三千人ではなく、八万の将兵と戦火を逃れてきた二万六千の一般市民がおり、やっと確保した補給品はわずかに、この巨大な集団を一カ月養うにやっとの量しかなかったのである。

「死の行進」の責任の一端はマッカーサーにもあったことになろう。責めるなら自分を責めなくてはならない。しかし非を認めることなどおのれの誇りにかけてもできない。おのれの失敗にたいする怒りを、他に向けた。ハル長官がいうように、仇はかならずこのオレがとってやる、と。

マッカーサーは得意の演説を新聞記者たちにぶった。

「近代の戦争で、名誉ある軍職をこれほど汚した国はかつてない。正義というものをこれほど野蛮に踏みにじった者たちにたいして、適当なときに裁きを求めることは、今後の私の聖なる義務だと、私は心得ている」

奇妙なことに、マッカーサーの絢爛《けんらん》たる言葉でなされる演説のなかに、決して本間の名は出てこなかった。しかし、かれの名はしっかりとマッカーサーの心に刻まれていた。本間は比島攻略軍の軍司令官として、明らかに最大の責任者と決められていた。

本間がどんな性格の人間であろうと、また、どんな立場の軍人であろうと、いっさい問題ではなかった。バターン第一次攻撃の失敗の責任をとらされ、比島戦終了後の八月三十一日付で待命となり、翌日予備役編入すなわちクビ、もうすでに本間が軍人でなくなっていようが、委細かまわなかった。

「文武両道の名将だね。文というのは文治の面もなかなかの政治家だ。この名将と戦ったことは僕の名誉だし、欣快《きんかい》だ」

本間が語ったマッカーサー評である。これをマッカーサーが知ったらどうであろうか。それもまったく影響はない。マッカーサーにとって本間雅晴という名の男は、自分の名誉に泥をぬった憎き存在……、いやそうではなく、バターンにおいて「死の行進」の残虐をしでかした鬼畜にも劣る人間にすぎないのである。

それが、本間が不在のところで、まったく知らないうちに行われた出来事であろうと、関係のないことなのである。本間こそが戦場でマッカーサーを打ち破ったただ一人の将軍である。その男を断罪する。それはかれの「聖なる義務」である。それを果たすことが、死者の仇をとることになり、自分の復讐心を満足させることになる。

その日が、一日も早くくることを、マッカーサーは戦争中ずっと待望しつづけていたのである。

3. 勝者の復讐

❖結果ありきの裁判

本間は断罪されねばならないと、マッカーサーによってあらかじめ決められ、待望されていた裁判は、一九四六年（昭和二十一年）一月三日にはじまり、二月十一日に終わった。判決のあった最後の日は、いわゆる〝紀元節〟の日、神話によって日本という国家が建国されたとする記念日である。

マッカーサーは一度も法廷に姿をあらわすことはなかったが、終始、あきらかに「神」のように法廷の奥に鎮座ましましていた。その聖なる御託宣をうけ、検察陣は、恐るべき残虐行為の犠牲者たちのオンパレードだけで、本間の罪状の立証をしようとした。

首席検察官は冒頭陳述でいっている。

「これら残虐行為はきわめて広範囲にわたっており、手口はきわめて大胆露骨であり、かつ継続的に行われたものであるがゆえに、それらはこの被告人の知るところであった。あるいは、当然知られていなければならなかった、と究極的に結論せざるをえない」と。

しかし、いかに被害者をぞくぞくと法廷にひっぱりだしてこようと、本間がそれら残虐行為のどれ一つでも命令してやらせたという事実はおろか、知っていたことをすら立証することはできなかった。

四月初めの、バターンの降伏直後からはじまった死の行進から、ウェインライトが正式に降伏を認めた五月八日まで、被告はどうしていたのか。反証のすべては、本間が脇目もふらずコレヒドール攻略作戦に没頭していたことを示した。全面的な米比軍の降伏後は、なお残敵掃討に追われ、対ゲリラ作戦を行い、占領行政の整備に意をつくし、不信の眼を向ける大本営といろいろと折衝がつづき、軍司令官として本間のせねばならぬことは山積していた。そんな本間に、いたるところに設けられた捕虜収容所をすべて監督せよ、と命ずることは、非現実的もいいところであった。

検察陣は、さまざまな証言がまさしく本間の指揮下にあったときに絞ろうとしたが、つぎつぎと裏目に出た。虐殺や虐待事件などは、本間が東京に呼び戻されてから発生したものが、ほとんどといってよかった。

弁護側の立証のほうが断然優勢であった。死の行進にしても、捕虜の数が予想を大幅に上回り、十万にものぼったため、護送の任務を命じられた日本兵の手に余った上に、捕虜は飢死寸前だった。移送しなければ、弱りきっている捕虜は病気や怪我、あるいはコレヒドール島からの味方の弾丸で、全滅状態になったかもしれない。あるいは、本間の部下たちとて、捕虜同様に病気や、食糧、衣服、医薬品などの欠乏に苦しんでいた。死そのものに敵も味方もなかった。こうした事実を正確に立証してみせても、裁判官も検察陣も、傍聴人もいっさい聞く耳をもたなかった。

「被告人は、知る限りにおいて、かれのフィリピンにおける評判は、非常によかったのであります。フィリピン群島の民政にかれがみせた公平さと正しさとを、高名なフィリピン人たちはしばしば賞讃したのであります。……被告人は主張されている残虐行為の実行に、直接もしくは暗に同意したことは断じてなく、ましてや直接指示や命令を決してしてはいなかったのであります。むしろそうした残虐行為事件の発生を未然に防ぐため、予防策はすべて講じ、可能なかぎりの努力をしたのであります」

こうした弁護人スキーン少佐の主張は、法廷内に空しく響くだけであった。すでに書いたように、それは「マッカーサーの裁判」であったからである。マッカーサーによって任命された裁判官は独立したものではなく、証拠ならびに審理規定は東京にいるマッカーサーによって定められ、被告人の諸権利は守られる必要はなかった。マッカーサーの意思が〝法〟となっていた。本間が残虐行為を許したかどうか、あるいはそれを知っていたかどうかは、問題ではない。ポイントは単純明快だった。〝残虐行為は実際にあった。そして本間は最高指揮官であった〟それでもう十分すぎるのである。

「被告人の公的な地位は、かれをして問責せられたる罪にたいする責任から免れしむるものにあらず、かつ刑を軽減すべきものにあらず。さらには、被告人がなしたる行為は、抗弁を構成せざるものとす」

マッカーサーはそう規定していた。「指揮下にある部下の活動を統率する指揮官としての義務を、本間は違法に無視し、その義務を怠った。よって本間は戦争法規に違反するのである」――そんな戦争法規があったのであろうか。いや、この〝指揮官責任論〟が、たとえ確立した法理論でなくとも、マッカーサーはいっさいかまわなかった。

かれの心のうちにあっては、それはもう確立している〝法〟なのである。すなわち、みずからをもって法となしていたのである。

❖妻たることの誇り

本間はすっかり諦めていた。法廷で連日のように、精神的な拷問をうけ、結局は敵の手にかかるよりは、ひと思いに楽になりたいとすら念願しはじめていた。

そんな本間を励まし、力づけるべく、本間夫人富士子がマニラに到着したのは一月中旬のことである。そして夫人は三日か四日おきに、とくに夫との面会を許された。マニラ滞在中に合計八回、彼女は本間と会うことができた。

はじめての面会の日、本間は手にアルバムとウエストミンスターの箱をもって出てきた。アルバムは富士子が、心の慰めにと思ってすでに東京から本間に送り届けてあったものである。本間は不機嫌な表情でいきなりいった。

「残酷だね。こういうものを寄越して。せっかく忘れようとしているのに、わざわざいろいろと想い出させるようなものだ。もって帰って下さい。それからこれも一緒に」

本間はアルバムと煙草の箱を手渡した。

「この中のものを墓に入れなさい。葬式はごく内輪だけの簡素なものにして、それから墓もそんなに大きいのはいらないから」

富士子は涙のこみあげるのをかみ殺し、

「あまり気をお落としにならないで。またすぐに、家族みんなでご一緒に、お茶漬が食べられますわよ」

と陽気にいった。

「あなたは相変わらずだね。そんなにのんきな事態ではない。私は日本兵の残虐行為の詳細を聞いて驚いている。見通しは絶望的だとスキーン少佐もいっている。子供を頼むよ。ことに尚子《ひさこ》の外出には注意して下さい。アメリカ兵に気をつけなさい」

そういう本間の、精神的にも肉体的にも疲れはてた姿を、富士子はあとは声にならず、ただ見守るばかりだった。

煙草の箱のなかには二つの白い包みが入っていた。一つには切りとった髪があり、もう一つは爪が入っていた。別れる前に、きっと米軍は遺体を引き渡すのを拒否するだろうから、と本間がさびしそうにいったのを、夫人はあらためて想い出した。

この気丈な夫人富士子が、証言のため法廷に姿を見せたのは二月七日。弁護団側の被告弁護の最終日の、それも最後の証人となった。質問は、家族状況、対米戦争にたいする本間の見解、東条英機との確執、退役後に本間が試みた和平工作、比島軍政についての本間の意見などなど、についてである。

「本間は最初からこの戦争に反対しておりました。政府の方針で、新聞や雑誌が〝鬼畜米英〟〝殲滅〟などという言葉を使うのを、非常に嫌っておりました」

富士子は記憶のすみずみまでさぐって、夫のために語るべき一言も落とすまいと、一語一語に力をこめて証言していった。

「フィリピンの人々にたいして友好的、平和的であろうと望み、それを軍政面に具体的に生かしておりました。しかしこれは日本政府の満足するものでなく、本間は間もなく任を解かれて日本に呼び戻されました」

こうした長時間におよぶ証言の最後で、弁護側の、あなたの眼に映る本間中将はどのような男性か、という質問にたいして、富士子はいった。

「私は東京からこのマニラへ、夫のために参りました。夫は戦争犯罪容疑で被告席についておりますが、私はいまもなお本間雅晴の妻であることを誇りに思っております」

被告席の本間はこのときハンカチで顔を蔽《おお》った。夫人はほとんど気づかれぬほどだが背筋をのばした。

「私に娘が一人ございます。娘がいつか結婚するときには夫のような立派な人を見つけてあげたいと心から望んでおります。本間雅晴とはそのような人でございます」

それは、敗戦日本がもった誇りに満ちた、もっとも美しい言葉であった。泣いてなどいられないという夫人の必死の想いのこもったこの言葉に、男の本間は肩をふるわせて嗚咽《おえつ》するばかりであった。

◈新しい門出のために

そうしたすべての努力も空しかった。二月十一日に下された判決は、予想どおり有罪であり、絞首刑が宣告された。弁護団は、米最高司法裁判所に提訴したが、裁判所はいっさい干渉せずと却下した。すべてがマッカーサーの決定にゆだねられた。

判決書の全文がマッカーサーの手もとにとどいてまだ間もない三月十一日、東京日比谷のGHQに本間富士子が訪ねてきた。マッカーサーと直接面談するためである。

アメリカ側はただちに、本間夫人はマッカーサー元帥に、夫の助命嘆願書を出したこと、マッカーサーが夫人の願いに最大の考慮を払うと約束したこと、などを公表した。

だが、新聞記者の「それは事実か」という質問に答えて、夫人は毅然としていった。

「私は、裁判の記録は日本の歴史に重大なものと思い、本間家に保存のため記録を一部いただくためにマ元帥を訪問、元帥はそれを承諾して下さいました。

私は夫の特赦《とくしゃ》は願いませんでした。それは夫の意思に沿うことでなく、特赦を願えば夫は怒るでしょう。夫はマニラで『自分は戦争犯罪を犯す命令は下さなかったが、部下の行為についていては喜んで責任を分かつ。戦場で死んだ幾千の日本軍将兵の仲間入りをしたい』と語りました」

事実、夫人は特赦を乞うたりはしなかった。夫人の語るとおりである。弁護団が真摯な努力を払ってくれたことに礼をいい、そして最後に夫人はこういったにすぎない。

「あなたが最後の判決をなさるそうですが、そのときは裁判記録をよくお読みになって、慎重にしていただきたい」

マッカーサーはしばらく黙っていた。やがて重々しく口をひらいた。

「私の任務について、あなたが心配なさる必要はない」

つまり余計な口を出すなと吐き捨てたのである。しかし、マッカーサーは『回想記』にこう書いている。

「私の生涯でそれは最も辛い時間の一つであった。彼女にこの上なく同情しており、その非常に悲しい立場はよく分かる、と述べた。戦争の絶対的な悪、それが彼女のようにほとんど関係のない、打つ手をもたぬ人たちに、いかに否応ない形でふりかかってくるか、これほど深刻に示されたことはない。彼女がいったことについては、最大限の考慮を払うようにすると、私はつけ加えた」

マッカーサーは確かに考慮を払った。本間を絞首刑ではなく、罪一等を減じて、武人として認め銃殺刑としたのである。三月二十一日、マッカーサーは最終決定を下した。

「裁判の審議は、被告が野戦部隊の上級司令官には不可欠の、強い性格と道義心に欠けていたことを示している。……これほど公正に行われた裁判はなく、これほど被告に完全な弁護の機会が与えられた例もこれまでになく、これほど偏見をともなわない審議が行われた例もない。……私は有罪の判定を承認し、西部太平洋陸軍部隊司令官に刑の執行を命じる」

このマッカーサーの言葉をまねていえば、戦場における軍隊の指揮統制の義務を単に怠ったというだけで、勝者によって有罪宣告をうけ、処刑された例は、歴史上これまで一つもなく、自分が命令せず、容認せず、知りもしなかった事件について、軍の指揮官がその罪を問われたこともかつてなかった。もし〝マッカーサーの裁判〟が正しいとするならば、つまり「指揮官責任論」の先例になるとするならば、軍の指揮官はすべて部下が戦場で犯した犯罪行為に責任があることになる。このマッカーサーの新説から導きだされるものは何なのか。

四月三日午前一時、本間は死刑執行の直前に、教戒師《きょうかいし》や通訳とともに、ビールで乾杯したあとでいった。

「私はバターン半島事件で殺される。私が知りたいのは広島や長崎の数万もの無《む》辜《こ》の市民の死は、いったい誰の責任なのかということだ。それはマッカーサーなのか、トルーマンなのか」

戦争は人類を破滅へ追いやる。戦争の無残さ、苛酷さ、空しさ。戦争直後の全世界が、それが強烈に印象づけられた状態において、「攻撃者を処罰することは不当であるどころか、もしかれらが罰せられないですまされるなら、それこそ不当である」としたマッカーサーの理想や崇高な感情を、かりに善しとしよう。しかし、崇高な感情や理想によって、〝事実〟や法を変えてはならないのである。

本間裁判が、偽装された復讐であり、勝者が敗者に差しだした毒杯であったとするならば、こんどは、崇高な理念そのものについて検討せねばならなくなる。

ビールでの乾杯につづくしばしの歓談を終えて、本間は立ち上がった。

「さあ、もう一度乾杯しましょう。私の新しい門出のために」

それは完璧な英語であった。軍医が本間の脈搏を調べた。一分間七十二で、平常どおりである。本間は小銃をもった十二人の兵の前に、黒い頭巾をかぶせられ、柱を背に立たされて縛りつけられた。

本間は気迫のこもった声で最後にいった。

「さァ、こい！」

その直後に銃声が鳴った。

（参考文献＝袖井林二郎『マッカーサーの二千日』、角田房子『いっさい夢にござ候』、マイニア『勝者の裁き』、テイラー『将軍の裁判』、『マッカーサー回想記』ほか）

あとがき

〝戦後〟も七十年が過ぎて、「敗戦直後に昭和天皇がマッカーサー元帥（連合国軍最高司令官）を訪問したときの記念写真があったろう。実はあれは三枚あったんだ。一枚はマッカーサーのやつが眼をつぶっていやがったんだ。これは発表厳禁だった」という特ダネをもちかけても、乗りだしてくる人が少なくなった。ましてや、「MADE IN OCCUPIED JAPAN」と刻印されたライターやコーヒーカップがあり、重宝して使ったという昔ばなしに興味を抱く若ものなど皆無である。OCCUPIED JAPAN、つまり「占領下の日本」、それは敗戦直後から昭和二十七年（一九五二年）四月二十八日の講和条約発効による日本独立までのまことにあわれな時代であった。そしてその中心に君臨していたのがマッカーサーであったが、いまは何もかも雲の彼方へと消え去っている。

「というわけで、いまごろこんな本をだしても、読者がつかないのじゃないかな」

と、わたくしは正直にいったのであるが、PHP研究所の大久保龍也君は聞く耳持たずといった面持《おもも》ちで、わたくしを説得した。

「みんなが忘れてしまっていることだから、かえって読もうという気になるのです。なるほど、ジャイアンツが勝った試合の翌朝の報知新聞は売れるかもしれませんが、読者がみんな巨人贔屓《びいき》とはきまっておりません」

ご自身が巨人軍ファンゆえの珍妙な理窟で、歴史的事実についての本の場合には当てはまらないとは思えるが、頑として引かない。結果としてヤクルト燕軍ファンのわたくしは説得に負けて、本書が世にでることとなった。

しかしながら、気が咎める思いをいくらかは捨てきれないでいる。収録した五篇のうち、第三話をのぞく四篇は一九八八年（昭和六十三年）の春から夏にかけて「オール讀物」誌に連載したものであるからである。いうならば埃《ほこり》を払って古物をだしたきらいがある。しかし、物書きなんてものは、年齢を増せば突如として飛躍し驚天動地のものが書けるわけではない。年をとるということは、緩慢に、ごくわずかずつ知識がふえる、かわりに判断力や創造力がおとろえる、ただそれだけのこと。そうであれば、読者にもあるいは喜んでもらえるかもしれないと勝手にそう納得した。間違った判断であったならお許し下さい、とお詫びするのみである。

一つだけ、本書に書いていないことで、ちょっと面白いと思う事実を付記することにする。

それは最初の天皇・マッカーサー会談の記念写真に関することである。モーニング着用で威儀を正す天皇の横に、略式軍装のラフな姿で立つマッカーサー。この写真には日本人のほとんどが敗者の屈辱感を否応なく痛感させられた。しかも、マッカーサーの後ろにまわした両手は腰のポケットにつっこまれているのではないか、無礼きわまる、こん畜生、とわたくしも思った記憶がある。

が、マッカーサーのこの傲岸不遜《ごうがんふそん》ともいえるスタイルは、若いときから一貫していたようで、トルーマン米大統領の『回顧録』を読んでいたとき、思わず吹きだしてしまった記載にぶつかったことがある。

一九五〇年（昭和二十五年）、トルーマンは朝鮮戦争の停戦問題を話し合うため、陸海空三軍の長である大統領でありながらわざわざウェーキ島まで出向いていった。マッカーサーは日本から飛来した。このとき、停戦を提案する大統領に、マッカーサーは敵が降伏するまで断固戦うことを主張、原爆使用も辞せずと突っぱねた。ためにトルーマンはマッカーサー解任を決意するのであるが、それは本書にも書いたとおり。

それはともかく、愉快なのはこのときのマッカーサーのいでたちであった。トルーマンはこう書いている。

「奴《やつ》はサングラスをかけ、シャツのボタンをはずし、金モールぎらぎらの帽子というでたちだった。あれだけ年をとり元帥ともあろうものが、なぜ十九かそこらの中尉と同じ格好をしなければならんのか、私にはわからなかった」

つまり、大統領をも憤然とさせる姿で、この横柄な元帥は飛行機から降りてきたのである。この軍人がいかに〝全知全能の神〟と自己認識していた男であるか、実によくわかる話ではないか。

　そうとわかればわかるほど、わたくしたちが占領下の日本をどのようにみるべきか、という問題が残るのではないか。戦争の悲惨さを徹底的に体験したゆえに、軍事指導国家というものに懲《こ》り懲《ご》りして、ＧＨＱの企図する基本方針に同調し自主的に新しい国づくりを目指したのか。戦争に敗けたのだからと諦観して、仕方なしに戦勝国の命ずるままにそれまでの国家システムの解体を図ったのか。それとも完膚なきまでに叩きのめされ、卑屈そのものの国民となっていたがために、ただもうマッカーサーのいうがままに振り回されてつくりあげた国家が戦後日本というものであったのか。

　戦後の日本人はそのことを真面目《まじめ》に、冷静に考えようとしなかった。わたくしも十分に体験しているが、それよりも何よりも食うものがなく、空腹を満たすことが最大の関心事であった。そして占領軍の放出物資に心から感謝したものであった。このために、一九五二年（昭和二十七年）四月、独立国日本となって再スタートしたとき、空しく散華《さんげ》した三百十万もの死者の霊に酬《むく》いるためにも、大きくいえば人類のためにも、どんな国をつくったらよいかという大問題にそっぽを向いたままで、その後もつづいて、戦後七十年を過ごしてきてしまったといえようか。

されど、いまからでもまだ間に合うと本気で考えている。そのためにも、本書が超微少であるかもしれぬが役立つのではないかといまは思っている。はたしてそれはわたくしのうぬぼれに過ぎないであろうか。

二〇一六年三月十日

——わたくしにとっての東京大空襲で死なないですんだ記念の日

半藤一利

茫然と自宅の焼け跡を見ている戦災者。

著者紹介
半藤一利（はんどう　かずとし）
作家、歴史探偵を自称。
1930年東京生まれ。1953年東京大学文学部卒業。同年㈱文藝春秋入社。「週刊文春」「文藝春秋」各編集長、出版局長、専務取締役などを歴任、退社後、文筆業で活躍。
主な著書に『昭和史』『Ｂ面昭和史』（以上、平凡社）、『決定版 日本のいちばん長い日』『漱石先生ぞな、もし』『ノモンハンの夏』（以上、文春文庫）、『幕末史』（新潮文庫）、『それからの海舟』（ちくま文庫）、『歴史探偵 昭和史をゆく』『日本海軍の興亡』『聖断』『安吾さんの太平洋戦争』（以上、ＰＨＰ文庫）など多数。

本書は、2016年４月にＰＨＰ研究所より刊行された『マッカーサーと日本占領』を改題したものである。

PHP文庫　アメリカはいかに日本を占領したか
マッカーサーと日本人

2019年6月17日　第1版第1刷

著者　半藤一利
発行者　後藤淳一
発行所　株式会社ＰＨＰ研究所
東京本部　〒135-8137　江東区豊洲5-6-52
第四制作部文庫課　☎03-3520-9617（編集）
普及部　☎03-3520-9630（販売）
京都本部　〒601-8411　京都市南区西九条北ノ内町11

PHP INTERFACE　https://www.php.co.jp/

編集協力
組版　株式会社PHPエディターズ・グループ

印刷所　共同印刷株式会社
製本所　東京美術紙工協業組合

ISBN978-4-569-76896-0

PHP文庫好評既刊

聖断

昭和天皇と鈴木貫太郎

半藤一利 著

本土での徹底抗戦、一億玉砕論が渦巻くなか、戦争を終結へと導いた〝聖断〟はいかに下されたのか？「日本敗戦」を描いた不朽の名作！

定価 本体八一九円（税別）